DER WEIMARER
CRANACH-ALTAR

ILLVSTRISSIMIS ET INCLITIS PRIN-
CIPIBVS D. IOANNI FRIDERICO I. DVCI

EIN ERNESTINISCHES

DER WEIMARER

BEKENNTNIS ZUR

CRANACH-ALTAR

REFORMATION

ELISABETH ASSHOFF

TOURIST
Verlag

Elisabeth Asshoff studierte Latein, Theologie und Philosophie (Lehramt an Gymnasien) an den Universitäten Münster/Westf. und Freiburg i. B. Sie war langjährige Schulleiterin eines Gymnasiums. Nach ihrer Pensionierung übernahm sie Lehraufträge im Fach Latein an den Universitäten Trier und Erfurt. Der Weimarer Cranach-Altar und seine Botschaft wurde ihr in den letzten 6 Jahren zum Lebensschwerpunkt. Sie arbeitete auch bei der im Jahr 2014 vorgenommenen Rekonstruktion der Predelleninschrift mit.

INHALTS-VERZEICHNIS

VORWORT

DAS WORT GOTTES ABER BLEIBT

Eingewirkt in den kostbaren Brokatteppich oberhalb des betenden Fürstenpaares auf dem linken Flügel des Cranach-Altares in der Weimarer Stadtkirche St. Peter und Paul (Herderkirche) finden sich bei genauem Hinsehen die Buchstaben »V D M I AE«. Die Buchstabenfolge lässt sich im herzoglichen Schloss finden und ziert auch das kostbare Gitter auf dem Fürstengrab vor dem Altar der Kirche. »V D M I AE«, das mag manchem Betrachter wie der Teil eines verborgenen Codes erscheinen, der Fragen aufwirft. Warum trifft ein Blutstrahl diesen stattlichen Mann auf der rechten Seite? Was steht in Luthers Bibel? Wer ist der nackte Mann, der mit erhobenen Händen ins Feuer läuft und was treibt ihn an? Und warum hat die große Inschrift die Form eines Kelches?

Der Cranach-Altar ist eine gemalte Predigt und Elisabeth Asshoff entdeckt meisterhaft ihre alten Bilder und Symbole. Sie erklärt dem Betrachter die biblische Botschaft und Luthers Theologie, wie sie auf dem Altarbild zu finden ist. Dabei lädt die Autorin ihre Leserinnen und Leser ein, eigene Fragestellungen einzubeziehen.

»Der Weimarer Cranach-Altar. Ein ernestinisches Bekenntnis zur Reformation« erscheint im Zusammenhang mit der Restaurierung des Cranach-Altares in den Jahren 2010–2015 und der Restaurierung und Neugestaltung des Kirchenraumes, die im Jahr 2016 ihren Abschluss finden. Nach der Zerstörung der Kirche am 9. Februar 1945 wurde im Jahre 1953 ihr Wiederaufbau vollendet. Die Neugestaltung der Kirche 1973 und die nun unter Leitung der Architektin Dr. Anja Löffler durchgeführten Baumaßnahmen sind ein weiterer wichtiger Beitrag zur Bewahrung des seit 1999 zum UNESCO-Welterbe gehörenden Ensembles von Herderkirche und Herderhaus. Die Maßnahmen gehören auch zu unseren Vorbereitungen auf das 500. Reformationsjubiläum 2017.

Mit der Restaurierung des Altares wurden zwei seiner wichtigen Bauteile wiedergewonnen, die seit der Zerstörung der Kirche verloren waren. Das schmuckvolle Grabgitter auf der Fürstentumba konnte restauriert werden. Die Predella hingegen mussten Restauratoren mit Hilfe weniger alter Vorlagen mühevoll rekonstruieren.

Es ist ein besonderer Vorzug von Elisabeth Asshoffs Buch, dass die Altphilologin ihre neueren Forschungen zur Rekonstruktion der lateinischen Inschrift auf der Predella des Altares einbeziehen konnte. So wird umso mehr deutlich: Der Cranach-Altar ist ein Bild für den Glauben und ein politisches Dokument, mit dem sich das ernestinische Herzoghaus in Weimar nach der Niederlage im Schmalkaldischen Krieg 1547 und nach dem Tod Johann Friedrich des Großmütigen als Hüter des lutherischen Glaubens erweisen will.

Dass die Autorin im Kapitel »Symbolik der Pflanzen« erstmalig die Pflanzen des Altarbildes beschreibt und deren symbolische Bedeutung erklärt, ist eine wertvolle Ergänzung.

Ich danke Elisabeth Asshoff und allen, die zum Gelingen dieses Buches beigetragen haben. Ich freue mich darüber, dass die Evangelisch-Lutherische Kirchengemeinde Weimar mit diesem Buch eine schmerzliche Lücke in der Reihe der Publikationen über die Herderkirche und ihren Altar schließen kann. Es möge uns helfen, mit unserer Kirche vor den Menschen froh und tröstlich zu bezeugen:

Verbum Domini manet in aeternum – Gottes Wort bleibt in Ewigkeit.

Weimar Pfingsten 2016
Henrich Herbst

Superintendent und Pfarrer an der Stadtkirche St. Peter und Paul in Weimar

V D M I AE

Verbum Domini manet in aeternum

Ernestinischer Wahlspruch

THEOLOGISCHE BOTSCHAFT

Im Jahre 1555 wurde der Cranach-Altar, ein Werk von Lucas Cranach d.J., im östlichen Teil des Chorraums der Stadtkirche St. Peter und Paul hinter dem Altartisch aufgestellt.

Das Jahr 1555 war auch das Jahr des Augsburger Religionsfriedens, der dem jeweiligen Landesherrn das Recht einräumte, das religiöse Bekenntnis in seinem Herrschaftsgebiet seinen Untertanen vorzugeben.

Und so sind der Mitteltafel, die mit einem erlesen, fast prunkvoll geschnitzten Gesprenge bekrönt ist, zwei Seitenflügel zugeordnet, auf denen die sächsischen Herzöge der ernestinischen Linie des Hauses Wettin an Betpulten knien: Auf dem linken Seitenflügel Herzog Johann Friedrich, »geborener Kurfürst«, mit seiner Gemahlin Herzogin Sibylle von Cleve, die etwa ein Jahr vor der Aufstellung dieses Retabels verstorbenen Fürsten. Auf dem rechten Seitenflügel des Altarwerks die regierenden Söhne des herzoglichen Paars: Herzog Johann Friedrich II., Herzog Johann Wilhelm und Herzog Johann Friedrich III.

Der Flügelaltar steht auf einer Predella, die eine in Form eines Abendmahlkelchs gesetzte Inschrift aufweist.

Das Triptychon mit seiner außergewöhnlichen Größe – mit Gesprenge beträgt die Höhe des Altars fast sechs Meter, die Breite bei geöffneten Flügeln mehr als sechs Meter – muss den Betrachter der damaligen Zeit noch stärker als den heutigen in seinen Bann geschlagen haben, da die Epitaphien, die die Nord- und Südwand des Chores säumen, erst später aufgestellt wurden (in der Zeit von 1571–1617). Der monumentale Gesamtaufbau des Altarwerks konnte deshalb damals ohne jede Einengung wahrgenommen werden.[1]

Auf der Mitteltafel des Retabels erhebt sich, inmitten einer Fülle von verschiedenen Szenen, im Vordergrund mächtig das Kreuz Christi in Form eines T-Kreuzes. Unterhalb der Füße des Gekreuzigten, auf dem Kreuzesstamm, ist die Jahreszahl 1555 mit der Signatur von Lucas Cranach d.J. und seiner Werkstatt »der geflügelten Schlange mit horizontal ausgerichteten Vogelflügeln«[2] verzeichnet.

---

1 Vgl. Seemann, Hellmut Th.: Vorwort, in: Bild und Bekenntnis. Die Cranach-Werkstatt in Weimar, hrsg. von Bomski, F.; Seemann, H.; Valk, Th.: Klassik Stiftung Weimar, Jahrbuch 2015, Göttingen 2015, S. 9–14, S. 11.

2 Dieter Koepplin nimmt an, dass den Söhnen Cranachs d.Ä., Hans und Lucas, ab etwa 1534 eine größere Verantwortung im Werkstattbetrieb zugewiesen wurde. Um ihre Eigenständigkeit zu demonstrieren, verwendeten sie eigene Signaturen, so auch »die Schlange mit den Vogelflügeln«. Ab 1537 nach dem Tod von Hans entschied man sich, als Signet für die Werkstatt ausschließlich »die Schlange mit den Vogelflügeln« zu nehmen. So war einerseits die Tradition, in der die Cranach-Werkstatt

Signatur der Cranach-Werkstatt (1555), Detailansicht

Die durchbohrten Füsse des Kruzifixus, das Lendentuch, welches recht unrealistisch im Wind flattert, die Dornenkrone und die mittig über den Querbalken angebrachte Inschrift »INRI« (Iesus Nazarenus Rex Iudaeorum) gehören zu den traditionellen Elementen einer Kreuzigungsdarstellung. Ungewöhnlich ist auch nicht der Blutstrahl, der aus der Seite des Gekreuzigten im hohen

---

stand, gewahrt, als auch einer gewissen Umstrukturierung des Werkstattbetriebs aufgrund der größeren Verantwortung von Lucas Cranach d. J. Rechnung getragen. Vgl. Koepplin, Dieter – Falk, Tillman: Lucas Cranach. Gemälde-Zeichnungen – Druckgraphiken, 2. Auflage, Basel 1974, S. 575 f., zitiert bei: Rhein, Stefan: Lucas Cranach der Jüngere. Eine biografische Annäherung, Schätze Mitteldeutschlands, Bd. 10, Spröda 2015, S. 23 f.

Bogen auf eine Gestalt schießt, die sich vom Betrachter aus gesehen rechts vom Kreuz befindet. Seit dem späten Mittelalter ist die Erlösung der Menschheit durch das Blut Christi häufig durch Blutstrahlen, die von dem Gekreuzigten unmittelbar auf Gläubige ausgehen, dargestellt worden. Auffällig ist hingegen, dass Maria, die Mutter Jesu, Johannes, der Lieblingsjünger, und Maria Magdalena im Bild nicht präsent sind. Hier liegt ein Bruch mit der bisherigen Ikonographie der Kreuzigungsdarstellungen vor.

Aber dieser Traditionsbruch findet seine Begründung: Bei lutherischen Altarretabeln erscheinen, anders als bei den vorreformatorischen Altarwerken, die großen Bildthemen »Maria und Heilige« nicht mehr. Es geht allein um Christus (»solus Christus«).[3] Aus dieser Beobachtung darf die Schlussfolgerung gezogen werden, dass auch auf dem Weimarer Altar »Maria und andere Heilige« keinen Platz mehr gefunden haben, entsprechend dem Grundprinzip Luthers: »Christus allein«.

Im Gemälde links vom Kreuz tritt eine Gestalt mit beiden Beinen auf Tod und Teufel. Ja, sie zertritt sie fast, in einer Bewegung voller Kraft, ihre rote Gewandung bauscht sich im starken Wind. In den Händen trägt sie eine durchsichtige Fahne, deren Schaft in den Rachen des Teufels stößt. Tod und Teufel sind am Ende. Mit letzter Kraft stoßen sie ihre Zungen aus ihrem Maul. Hinter der Gestalt tut sich ein gesprengtes Felsengrab auf. Doch wer verbirgt sich hinter dieser Gestalt?

---

3 Vgl. Poscharsky, Peter: Das lutherische Bildprogramm, in: Die Bilder in den lutherischen Kirchen. Ikonographische Studien, München 1998, S. 21–41, S. 22, sowie: Ellrich, Hartmut: Auf den Spuren von Lucas Cranach d. Ä., Erfurt, 2012, S. 71.

Mitteltafel des Cranach-Altares

Es ist der auferstandene Christus, er wird hier als Sieger über Tod und Teufel dargestellt. Der Blick des Auferstandenen ist nicht im Bild gebunden. Er schaut den Betrachter des Altares an, als wolle er ihn in seinen Sieg über die Mächte des Bösen miteinbeziehen. Unwillkürlich erinnert die bildnerische Gestaltung dieser Szene an 1 Kor 15,54b–55: »Der Tod ist verschlungen in den Sieg. Tod, wo ist dein Stachel? Hölle, wo ist dein Sieg?«[4]

Die rote Gewandung des auferstandenen Christus wird durch einen roten Umhang, den eine biblische Gestalt rechts vom Kreuz trägt, wieder aufgenommen. Es ist Johannes der Täufer. Es fällt auf, dass seine Gesichtszüge denen des Auferstandenen sehr ähneln. Ihre Ähnlichkeit und auch die gleiche Farbe ihrer Gewandung sind wohl das äußere Zeichen ihrer inneren Nähe. Mit der Rechten weist Johannes der Täufer auf den Gekreuzigten und mit der Linken auf ein Lamm, das eine durchsichtige Fahne hält, die genau parallel zu der Fahne des auferstandenen Christus gemalt ist. Das Lamm hinwiederum blickt empor zu der Hand, die in seine Richtung deutet, und richtet seinen rechten Huf auf den rechten Fuß des Täufers.

Auf dem Fahnentuch steht geschrieben: »Ecce Agnvs Dei Qvi Tollit Peccata Mvndi« – »Siehe, das ist Gottes Lamm, das der Welt Sünde trägt!« (Joh 1,29b). (Luther übersetzt hier nicht wörtlich, sondern deutet Joh. 1,29b im Kontext des Kreuzes.)

Dass Jesus Christus mit einem Lamm verglichen wird, hat alttestamentliche Wurzeln. Das Lamm symbolisiert

---

[4] Die Schriftstellen sind zitiert nach folgender Bibelausgabe: Die Bibel. Nach der Übersetzung Martin Luthers. Deutsche Bibelgesellschaft, Stuttgart 1999.

hier den Opfertod Christi.[5] Neben Johannes dem Täufer steht Lucas Cranach d. Ä., auf den der Blutstrahl des Kruzifixus schießt. Er hat die Hände zum Gebet zusammengelegt. Eigentümlich, er schaut uns unmittelbar und direkt an, obwohl sein Blick doch auf den, zu dem er betet, gerichtet sein müsste. Will Cranach mit uns kommunizieren, will er uns in das dramatische Erlösungsgeschehen miteinbeziehen?

Das Bildnis von Cranach d. Ä. weist besonders in den Gesichtszügen sehr große Ähnlichkeit mit einem Gemälde auf, das Cranach d. J. im Jahre 1550 von seinem Vater gemalt hat. Dieses ist in den Uffizien von Florenz ausgestellt. Wahrscheinlich lag dem Bild von 1550 und dem auf dem Weimarer Altar eine gemeinsame »Entwurfszeichnung« zugrunde.[6]

Johannes der Täufer schaut auf Luther, dessen Gestalt das Bild recht voluminös abschließt. Doch Luther erwidert den Blick nicht. Er weist mit dem Finger auf ein aufgeschlagenes Buch in seinen Händen, dessen Text – es sind drei Zitate aus dem Neuen Testament – zum Betrachter hingewendet und dadurch lesbar ist. Er selbst schaut in die Ferne, als wolle er sagen: »Nicht ich bin hier von Bedeutung, von Bedeutung ist allein die Schrift.« (»Sola scriptura« ist ein Grundprinzip lutherischer Theologie.)

---

5 Vgl. Neddens, Christian: Heilsame Anschauung. Visuelle Kommunikation der Rechtfertigung auf dem Weimarer Altarretabel Lucas Cranachs d. J., in: Bild und Bekenntnis (wie Anm. 1), S. 75–96, S. 90.

6 Vgl. Holler, Wolfgang; Kolb, Karin (Hrsg.): Cranach in Weimar. Begleitbuch zur Ausstellung, Dresden und Klassik Stiftung Weimar 2015, S. 25.

Es gebührt Cranach d.J. das Verdienst, durch seine Bildnisse die späten Lutherbilder geprägt zu haben, »etwa den Typus des Gelehrten, der ein Buch (geschlossen oder aufgeschlagen) in den Händen hält, eine Beigabe, die zum Charakteristikum des evangelischen Geistlichen werden sollte und die bei Cranach d. Ä. niemals vorkommt.«[7] Ebenso ist die ganzfigurige Darstellung Luthers, wie sie auf dem Altar zu sehen ist, eine »Bilderfindung« des jüngeren Cranachs.[8]

Auf der Seite des Auferstandenen ist im Hintergrund eine merkwürdige Szene zu sehen: Eine Gestalt, wie der Gekreuzigte mit einem Lendentuch bekleidet, läuft mit emporgerissenen Armen, voller Angst, ja, in Panik, auf eine Felsspalte zu, aus der Flammen züngeln. Verfolgt wird diese Gestalt von Tod und Teufel. Ja, der Tod hat schon seinen Spieß auf sie gesetzt. Der Teufel, dargestellt als furchterregendes Untier, hat anstelle seines rechten Fußes eine rote scharfe Kralle, was seine bedrohliche Wirkung noch unterstreicht. Die Gestalt hat keine Chance, läuft sie nach vorne, droht ihr das Höllenfeuer, läuft sie zurück, wird sie aufgespießt. Doch ihr Blick ist nicht nach vorne, sondern seitlich nach oben gerichtet. Sie hat die beiden Gesetzestafeln, die Mose in Händen hält, wahrgenommen. Der Blick auf das Gesetz jagt ihr blankes Entsetzen ein. Sie fühlt sich verloren und verdammt, weil sie weiß, dass sie dem Anspruch des Gesetzes aus eigener Kraft nicht entsprechen kann.

---

7 Rhein, Stefan (wie Anm. 2), S. 54.

8 Ebd. Vgl. auch Slenczka, Ruth: Cranach der Jüngere im Dienst der Reformation, in: Lucas Cranach der Jüngere, Entdeckung eines Meisters, hrsg. v. Enke, Roland; Schneider, Katja; Strehle, Jutta (Ausstellungskatalog), München 2015, S. 125–137, S. 126.

Doch wer ist diese Gestalt? Es ist Adam, aber es ist nicht nur der biblische Adam, es ist der Mensch schlechthin, es ist der Mensch gehetzt und besetzt von bösen Mächten, es ist der Mensch in seiner sündhaften Verstrickung.

HATTE DER MALER wohl die Bibelstelle »Der Stachel des Todes aber ist die Sünde, die Kraft aber der Sünde ist das Gesetz« (1 Kor 15,56) vor Augen, als er diese Szene bildnerisch gestaltete?

Nicht weit entfernt von dieser Szene, rechts vom Kreuz, im Hintergrund des Bildes, hält Mose eine steinerne Doppeltafel mit hebräischen Schriftzeichen in Händen, auf der das von Gott empfangene Gesetz verzeichnet ist. Es ist das Gesetz, bei dessen Anblick allein Adam schon in Panik gerät. Umgeben von einigen Ältesten des Volkes Israel weist Mose mit seiner Rechten auf eine bestimmte Stelle des Gesetzes. Aaron in priesterlicher Gewandung besiegelt diesen feierlichen Akt durch einen Schwur.

Beide Szenen spielen im Hintergrund, beide Szenen verbildlichen Begebenheiten aus dem Alten Testament, ebenso wie eine weitere Szene: Oberhalb des Hauptes von Luther, auch wieder im Hintergrund, sind wunderbar geschmückte Zelte zu sehen. Eine Schlange windet sich am oberen Teil einer »Stange«, wie Luther übersetzte. So wie im Vordergrund des Bildes Johannes der Täufer auf den Kruzifixus und auf das Lamm zeigt, weist Mose in dieser Szene mit einem Stab auf die erhöhte Schlange.

Nächste Doppelseite: Adam mit Blick auf Mose mit den Gesetzestafeln, Detailansicht

Etliche Männer, Frauen und Kinder folgen mit ihren Blicken dem nach oben weisenden Stab, einige sinken sogar in die Knie, sie schauen in die Höhe zur Schlange, die Hände zum Gebet zusammengelegt, andere liegen auf der Erde, getroffen vom todbringenden Gift der auf der Erde kriechenden Schlangen.

Es handelt sich hier um eine Episode, die uns im 4. Buch Mose begegnet (vgl. Num 21,4–9). Die Israeliten befinden sich auf dem Weg in das verheißene Land. Auf der Wanderung durch die Wüste werden sie von Schlangen angegriffen. Mose bittet für sein Volk. Gott verheißt den Israeliten Rettung, wenn sie ihren Blick auf eine eherne Schlange richten, die Mose an den oberen Teil dieser Stange hängen soll.

Der Blick auf ein Artefakt, auf ein Bildwerk, soll den Menschen Heilung bringen?

Nicht um die therapeutische Wirkkraft der Schlange geht es hier. Auch die psychologische Deutung, die besagt, dass der Mensch das Böse (die Schlange) vor sich aufstellt, um sich damit auseinanderzusetzen, trägt hier nicht. Nein, der Blick der Israeliten auf diese Schlange ist das äußere Zeichen ihres Glaubens an Gottes Zusage ihrer Rettung. Der Glaube an die Wirkkraft von Gottes Wort schenkt den Israeliten Heil. Allein der Glaube an das Wort Gottes (»sola fide«) rettet die Israeliten.[9]

---

9 Vgl. dazu auch Görres, Daniel: Der Cranach-Altar der Stadtkirche St. Peter und Paul in Weimar und sein Betrachter. Eine Studie zum Medium »Bild« im Kontext der Reformation, in: Deubner-Preis 2006. Sonderdruck aus den Kunsthistorischen Arbeitsblättern (KAb), Köln 2007, S. 19–34, S. 28.
WA 20, S. 430, Z. 26 f.: »Dis wort klebt an der schlangen, und ynn krafft des worts halff die schlange«. Zitiert ebd.

Aufrichtung der Schlange, Detailansicht

NICHT WEIT ENTFERNT von dieser Szene auf einer Anhöhe blicken drei Männer empor zu einem Engel, der in einem goldenen Lichterglanz über ihnen am Himmel erscheint. Dieser Engel verkündigt ihnen mittels eines Schriftbandes, das allerdings auf unserem Gemälde nicht mit einer Schrift versehen ist, die Geburt Christi. Sogar einer der beiden Hunde schaut nach oben, während der andere die große Zahl der Schafe weiter bewacht. Diese neutestamentliche Szene reicht anders als die anderen

Verkündigung an die Hirten, Detailansicht

(alttestamentlichen) Szenen in die linke Bildhälfte hinein. Sie »überhöht« die anderen Szenen, die sich im Hintergrund abspielen. Dadurch wird ihre besondere Bedeutung hervorgehoben, denn ohne die Geburt Jesu wäre das dramatische Geschehen der Erlösung nicht möglich gewesen.

Luther weist auf eine Schriftstelle, Detailansicht

NEBEN DEN AUFGEFÜHRTEN DEUTUNGSMÖGLICHKEITEN hinterlässt das Gemälde aber auch weiterhin viele Fragen. Warum spielen die alttestamentlichen Szenen im Hintergrund? Welcher Bezug besteht zu dem Kreuz, das sich im Zentrum des Bildes so mächtig erhebt? Welche Rolle spielen die historischen Gestalten, die auf Augenhöhe zu der biblischen Gestalt stehen? Warum haben einige Szenen so wenig Rückhalt in der Heiligen Schrift? Was ist die Idee, die alles zusammenhält?

Luther weist uns auf drei Schriftstellen hin. Führen sie uns auf den Weg zu einem tieferen Verständnis der Zusammenhänge? Mit dem Zeigefinger weist er auf Hebr 4,16: »Darumb so last vns hin zu tretten mit Freidigkeit zu dem Gnadenstul auff das wir Barmhertzigkeit entpfahen vnd Genade finden auf die zeit wann vns hülff nodt sein wirdt.«

Luther nimmt mit dem Begriff »Gnadenstuhl« in seiner Bibelübersetzung eine Wortschöpfung vor.[10] Im

---

[10] Vgl. Falcke, Heino: Die verborgene Herrlichkeit. Entdeckungen an dem Dreieinigkeits-Bild in der Augustinerkirche zu Erfurt. Evangelische Akademie Thüringen und Wartburg Verlag, Weimar 2010, S. 23.

Allgemeinen wird dieser Begriff für die Darstellung der Dreieinigkeit verwendet. Auf dem Altarbild ist der Gnadenstuhl durch das Kreuz verbildlicht.[11]

Wie viele Menschen haben im Wandel der Zeiten vor diesem Gnadenstuhl gestanden und um Hilfe in ihrer Not gebetet? Wie viele Menschen haben Trost durch den Blick auf dieses Bild erfahren, das ihnen durch ihren Glauben erfahrbar machte, dass der Gekreuzigte ihre Not, ihren Schmerz, ihre Einsamkeit mitträgt? Wie viele Menschen haben sich davon berühren lassen, dass dieser Schmerzensmann durch seinen Tod und seine Auferstehung die Mächte des Bösen zertreten und damit besiegt hat?

Die zweite Schriftstelle, auf die Luther hinweist, lautet: »Das Blut Jesu Christi reiniget vnns von allen sunnden.« (1 Joh 1,7b)

Der Blutstrahl aus der Seite Jesu strömt auf Cranach, es handelt sich dabei um den verstorbenen Cranach, der 1553, zwei Jahre vor Vollendung dieses Altarwerks, starb. Das Blut Jesu Christi, sein stellvertretendes Sterben für die Menschen, hat Cranach von jeder Schuldverstrickung befreit. Allein durch die Gnade Christi (»sola gratia«) – der Blutstrahl wird auch Gnadenstrahl genannt – ist er erlöst.

Natürlich weist der aus der Seite Jesu schießende Blutstrahl auch auf die Realpräsenz Christi im Abendmahl hin, findet doch die Konsekration von Brot und Wein auf der Altarmensa unmittelbar vor diesem Retabel statt.

Das dritte Bibelzitat, auf das sich Luther bezieht, stammt aus dem Johannesevangelium (Joh 3,14 f.):

---

11 Vgl. die ursprüngliche Übersetzung Luthers von Röm 3,24 f., zitiert bei Falcke, Heino (wie Anm. 10), S. 26.

»Gleich wie Moses in der wusten ein Schlang erhohet hat also mus auch des menschen Son erhohet werden auf das alle die an« [ihn glauben, das ewige Leben haben].[12]

Die Urkirche, die sich nach dem Tod Jesu konstituierte, sah in der Begebenheit von der ehernen Schlange eine Prophezeiung auf den Tod Jesu. Deshalb spielt die alttestamentliche Episode im Hintergrund. Die alttestamentliche Vorhersage wird durch die neutestamentliche Botschaft erfüllt.

Doch nicht nur durch das Wort (Joh 3,14), sondern auch durch das Bild wird uns die Beziehung zwischen der Erhöhung der Schlange und der Erhöhung Christi vor Augen gestellt. So wird die Gestaltung des Kreuzes Christi als T-Kreuz in der bildnerischen Gestaltung der »Stange«, an der die eherne Schlange hängt, wieder aufgenommen. Auch diese Stange ist als T-Kreuz ins Bild gesetzt. Auch der Zeigegestus von Mose findet seinen Bezug in dem von Johannes dem Täufer: Dieser zeigt auf den Kruzifixus und das Lamm, das die Sünden der Welt trägt. Jener weist mit einem Stab auf die eherne Schlange, die im Vertrauen auf Gottes Wort Rettung bringt.

Die rechte Seite des Gemäldes ist damit durch die Bibelzitate, auf die Luther hinweist, gedeutet. Das Motiv des von Tod und Teufel gehetzten Adams auf der linken Bildhälfte im Mittelgrund kann biblisch allerdings nicht belegt werden und findet sich auch nicht in der ikonographischen Tradition.

---

12 Der letzte Teil des Zitates Joh 3,14 f. wurde vervollständigt durch den Text der Bibelausgabe: Die Bibel (wie Anm. 4).

Verfolgung Adams durch Tod und Teufel, Detailansicht

Diese Szene Adams, der sich in völliger Auswegslosigkeit befindet, ist wohl eine Bildidee von Martin Luther und (oder) von Melanchthon, die sie gemeinsam mit Lucas Cranach d. Ä. entwickelten.[13] Melanchthon gilt als theologischer Berater der Cranach-Werkstatt.[14]

---

13 Vgl. Koepplin, Dieter: Ein Cranach-Prinzip, in: Lucas Cranach. Glaube, Mythologie und Moderne, hrsg. v. Schade, Werner (Ausstellungskatalog), Hamburg: Ostfildern-Ruit 2003, S. 144–165, S. 150.

14 Vgl. Rhein, Stefan: Lucas Cranach der Jüngere und Philipp Melanchthon. Zu den Spuren einer Wittenberger Beziehung, in: Lucas Cranach der Jüngere und die Reformation der Bilder, hrsg. v. Werner, Elke A.; Eusterschulte, Anne; Heydenreich, Gunnar, München 2015, S. 43–51, S. 43 f.

Luther selbst fühlte sich in einer langen Phase seines Lebens wie dieser von Tod und Teufel gehetzte Adam, dieser von den Mächten des Bösen gejagte und besetzte Mensch. Immer wieder quälte ihn der Gedanke, dass er aufgrund seiner Sündhaftigkeit vor einem gerechten Gott, der die Sünder bestraft, nicht bestehen kann. Furchtbare Angst befiel ihn vor dem strafenden Gott, der nach dem Tod über die Menschen Gericht hält. Ist er verdammt? Droht ihm das Höllenfeuer?

Im Rückblick auf sein Leben beschreibt Luther etwa ein Jahr vor seinem Tod die Stunde, die dieses – sein – Gottesbild des strafenden Gottes von Grund auf wandelte.[15] Er befand sich in seinem Turmzimmer des Augustinerklosters in Wittenberg, im heutigen Lutherhaus. In seinem Ringen um Gottes Gerechtigkeit stieß er bei der Lektüre des Römerbriefs auf eine Stelle, die besagt: »Der Gerechte wird aus Glauben leben.« (Röm 1,17b) Lange rang er um das Verstehen dieser Stelle[16], bis er

---

15 Vgl. Iserloh, Erwin: Geschichte und Theologie der Reformation im Grundriß, 3. Auflage, Paderborn 1985, S. 27 f. Leppin, Volker: Die Reformation, Wissenschaftliche Buchgesellschaft, Darmstadt 2013, S. 10.

16 WA 54, S.185, Z. 28; S. 186, Z. 1–8: »So wütete ich in meinem trotzigen und verwirrten Gewissen, bemühte mich dennoch immer und immer wieder ungestüm um diese Stelle bei Paulus, brennend und dürstend zu erfahren, was der Heilige Paulus wollte. Bis sich schließlich Gott meiner erbarmte, und ich, der ich Tag und Nacht darüber nachdachte, den Zusammenhang der Worte begriff, nämlich: Die Gerechtigkeit Gottes offenbart sich in ihm (im Evangelium), wie geschrieben steht. Der Gerechte lebt aus dem Glauben, da fing ich an, die Gerechtigkeit Gottes zu verstehen, durch die der Gerechte wie durch ein Geschenk Gottes lebt, nämlich aus dem Glauben,

erkannte: Nein, nicht die Werke machen den Menschen vor Gott gerecht, der Mensch kann nicht aus sich sein Heil erwirken. Nur Gott kann den durch seine Selbstbezogenheit in sich verkrümmten Menschen[17] heil machen, indem der Mensch sich gläubig zu Gott aufrichtet und sich seinem Heilswirken öffnet.

---

und dass dieser Gedanke dahinter steckt, dass die Gerechtigkeit Gottes durch das Evangelium offenbar wird, selbstverständlich eine passive, durch die uns der barmherzige Gott, wenn wir glauben, gerecht macht, so wie geschrieben steht: Der Gerechte lebt aus dem Glauben. Hier spürte ich, dass ich völlig neu geboren war und dass ich durch die geöffneten Tore in das Paradies selbst eingetreten war«, (übersetzt von der Verfasserin). (Originaltext: »Furebam ita saeva et perturbata conscientia, pulsabam tamen importunus eo loco Paulum, ardentissime sitiens scire, quid S. Paulus vellet. Donec miserente Deo meditabundus dies et noctes connexionem verborum attenderem, nempe: Iustitia Dei revelatur in illo, sicut scriptum est: Iustus ex fide vivit, ibi iustitiam Dei coepi intelligere eam, qua iustus dono Dei vivit, nempe ex fide, et esse hanc sententiam, revelari per euangelium iustitiam Dei, scilicet passivam, qua nos Deus misericors iustificat per fidem, sicut scriptum est: Iustus ex fide vivit. Hic me prorsus renatum esse sensi, et apertis portis in ipsum paradisum intrasse.«)

17 WA 56, S. 356, Z. 5–6: Scriptura »hominem describit incuruatum in se adeo, vt … se in omnibus querat.« Die Schrift »beschreibt den Menschen als einen so sehr in sich selbst Verkrümmten, dass er nur sich in allem sucht.« WA 56, S. 357, Z. 16: »Nec potest aliter ex natura sua nisi sibi inflectere«. »Gemäß seiner Natur kann er sich nur in sich selbst krümmen.« (Übersetzt von der Verfasserin). Vgl. auch: Barth, Hans-Martin: Die Theologie Martin Luthers. Eine kritische Würdigung, Gütersloh 2009, S. 260 f.

Und so steht im Vordergrund des Gemäldes rechts vom Kreuz der gläubige Mensch, der sich der Erfahrung geöffnet hat, dass sich im Abgrund menschlichen Versagens der noch viel unerschöpflichere Abgrund der göttlichen Liebe in Jesus Christus enthüllt. Dieser gläubige Mensch ist Lucas Cranach d. Ä. Er hat seine Hände zum Gebet zusammengelegt. Fest und sicher steht er da, ganz anders als der von den bösen Mächten gehetzte Adam. Eigentümlich, obwohl Cranach seine Hände gefaltet hat, blickt er nicht zum Kruzifixus. Er schaut aus dem Bild heraus und blickt den Betrachter eindringlich an, als ob er ihn zum Teilnehmer, ja, zum Teilhaber dieses Erlösungsgeschehens machen wollte. Auf Cranach strömt der Blutstrahl, der auch Gnadenstrahl genannt wird. Allein durch den Glauben (»sola fide«), allein durch die Gnade (»sola gratia«) wird Lucas Cranach, wird uns Menschen, Erlösung zuteil.

Aber das Gesetz muss sein (vgl. die Szene: Mose weist auf die zehn Gebote), damit die Sünde offenbar werde (vgl. Röm 5,20 f.).

Doch das Gesetz befindet sich im Hintergrund. Im Schatten des Kreuzes, weist Mose auf das Gesetz, im Vordergrund, neben dem Kreuz, weist Luther auf das Evangelium, auf die Botschaft der Gnade. Das Gesetz bleibt existent, aber es wird durch die Botschaft der Gnade neu qualifiziert; deshalb darf der Mensch »hin zu tretten mit Freidigkeit zu dem Gnadenstul …« (vgl. die Stelle, auf die Luther mit dem Zeigefinger hinweist, Hebr 4,16).

Mose zeigt auf das Gesetz, Detailansicht

Auch die Beschaffenheit des Bodens, auf dem sich die Szenen abspielen, verbildlicht das Motiv von »Gesetz und Gnade«. Im Vordergrund stehen Johannes der Täufer, Cranach und Luther auf einem blühenden Wiesenstück, im Hintergrund auf gelber Erde finden die alttestamentlichen Szenen statt. Die Botschaft der Gnade, des Heils für die Menschen, macht aus der gelben Erde im Hintergrund eine blühende Wiese im Vordergrund.

Und so sind auch die beiden Fahnen, die des Lammes und die des Auferstandenen, in der Vorderansicht wahrzunehmen. Ihre Parallelität weist auf die Zusage der Erlösung des Menschen hin: Im Sieg des Auferstandenen über Tod und Teufel, über die Mächte des Bösen, sind die Worte, die auf dem Fahnentuch des Lammes in lateinischer Sprache verzeichnet sind, (übersetzt: »Siehe das ist Gottes Lamm, das der Welt Sünde trägt.«) den Menschen zum Heilsereignis geworden.

Eine offene, aufsteigende Landschaft liegt unter einem Himmel, der etwa ein Drittel des Hintergrundes bildet. Dieser überstrahlt die ganze Fülle des menschlichen Seins, das sich hier auf diesem Gemälde in so vielfältiger Weise zeigt. Wie Flügelschwingen zeichnet sich das Lendentuch des Gekreuzigten am Himmel ab. Ist es das Wehen des Heiligen Geistes?

Zieht man eine Diagonale von rechts oben nach links unten durch das Altarbild, so ist zu erkennen, dass die drei Szenen »Menschwerdung«, »Kreuzigung« und »Auferstehung« Schnittpunkte dieser Diagonalen bilden.[18] Es sind die Erlösungsgeschehnisse, die im Vordergrund stehen und in ihrem Licht müssen auch die auf dem Altar dargestellten alttestamentlichen Szenen gesehen werden.

Für die Menschen ist dieser Altar eine Predigt, die ihnen die Heilsgewissheit im Glauben an Jesus Christus vermitteln und zusagen soll: *Das Heil kommt nicht vom Menschen und von dessen eigener Macht; der Mensch muss es sich schenken lassen und nur als reines Geschenk kann er es empfangen.*

Das Gesetz-und-Gnade-Motiv, das auf der Mitteltafel des Weimarer Altares verbildlicht wird, ist das zentrale Thema lutherischer Erlösungstheologie, es ist die Rechtfertigungslehre.

Schon im Jahr 1528 wurde dieses Motiv wohl von Cranach d. Ä. und seiner Werkstatt in Form eines Holz-

---

[18] Vgl. Jursch, Hanna: Die Kunstdenkmäler, in Schmidt, Eva. Die Stadtkirche zu St. Peter und Paul in Weimar, Berlin 1955, S. 65–83, S. 78 f.

schnittes visualisiert[19].1529 »nobilitierte«[20] Cranach d. Ä. dieses Motiv in der Tafelmalerei und schuf mit seiner Werkstatt den Prager und Gothaer Bildtyp.[21] Allerdings ist die zeitlich früher anzusetzende Fassung des Prager Bildtyps[22] noch nicht »spezifisch lutherisch«.[23] Erst das Gothaer Bild »konkretisiert in Bild und Wort die lutherische Rechtfertigungslehre.«[24]

---

19 Vgl. Schulze, Ingrid: Lucas Cranach d. J. und die protestantische Bildkunst in Sachsen und Thüringen. Frömmigkeit, Theologie, Fürstenreformation, Bucha bei Jena 2004, S. 20. Fleck, Miriam Verena: Ein tröstlich gemelde. Die Glaubensallegorie »Gesetz und Gnade« in Europa zwischen Spätmittelalter und Früher Neuzeit, Korb 2010, S. 37 ff. Reinitzer, Heimo: Gesetz und Evangelium. Über ein reformatorisches Bildthema, seine Tradition, Funktion und Wirkungsgeschichte, Bd. 2, Hamburg 2006, S. 74. Erichsen, Johannes: »Gesetz und Gnade«. Versuch einer Bilanz, in: Luther und die Fürsten. Selbstdarstellung und Selbstverständnis des Herrschers im Zeitalter der Reformation, Aufsatzband, hrsg. v. den Staatlichen Kunstsammlungen Dresden, Syndram, Dirk; Wirth, Yvonne; Zerbe, Doreen, Dresden 2015, S. 97–113, S. 97, Abb. 2.

20 Koepplin, Dieter (wie Anm. 13), S. 145.

21 Diese Bildtypen werden nach ihrem Aufbewahrungsort so benannt. Vgl. Hofmann, Werner: Gesetz und Gnade, in: Luther und die Folgen für die Kunst (Ausstellungskatalog), München 1983, S. 210–212, S. 210.

22 Vgl. Fleck, Miriam Verena (wie Anm. 19), S. 37 ff.

23 Koepplin, Dieter (wie Anm. 13), S. 150.

24 Ebd. Vgl. auch Erichsen, Johannes (wie Anm. 19), S. 107 ff. Erst im Gothaer Bildtyp tritt der von den Mächten des Bösen gehetzte Adam auf. In dem zeitlich etwas früher anzusetzenden Prager Bildtyp wird das Bild durch einen mittig angeordneten Baum, der zur Seite des Gesetzes hin dürr, zur Seite der Gnade hin belaubt ist, unterteilt. Adam sitzt zwischen

Nächste Doppelseite: Lucas Cranach d. Ä., Gesetz und Gnade, 1529, Herzogliches Museum, Stiftung Schloss Friedenstein, Gotha

Dieser Gothaer Bildtyp ist wohl eine von Luther und (oder) Melanchthon »veranlasste Korrektur und Präzisierung«[25] des Prager Typs und anderer früherer Gesetz-und-Gnade-Darstellungen.

Das *Weimarer Tafelbild* (siehe Seite 17 dieser Arbeit) steht zwar ganz in der Tradition des Gothaer Bildes, doch Lucas Cranach d. J. nimmt kompositorisch eine völlig andere Anordnung der einzelnen Elemente vor, als sie auf dem Gothaer Bildtyp von 1529 zu sehen ist: Nicht mehr werden Gesetz und Gnade antithetisch wie im Gothaer Bildtyp einander gegenübergestellt. Es ist das Gesetz, das in den Hintergrund gerückt ist, während die Gnade den Vordergrund ausmacht. Nicht mehr bildet ein Baum, der zur Seite des Gesetzes verdorrt, zur Seite der Gnade belaubt ist, die Mitte des Bildes. Es ist das Kreuz, das zum Kristallisationspunkt des Weimarer Tafelbildes wird. Es ist der Kruzifixus, der uns durch seinen Opfertod zum Heil geworden ist.

DAS *GOTHAER BILD* ist ein *Lehr- und Lernbild* zweier Daseinsweisen, die antithetisch, formal aber gleichrangig, einander gegenüberstehen: Der Mensch unter dem

---

beiden Bildhälften und hat die Wahl zwischen dem Gesetz zu seiner Rechten oder der Gnade zu seiner Linken. Greift dieses Scheideweg-Motiv zurück auf den antiken Mythos des »Herkules am Scheideweg«, der den Wittenberger Humanistenkreisen sicherlich bekannt war?

25 Koepplin, Dieter (wie Anm. 13), S. 150. ➛

Vom Regenbogen vnd gericht.
Es wird Gottes zorn offenbart vom himmel vber aller menschen Gotlois leben vnd vnrecht. Roman. 1.
wier seind allzumal sünder vnndt mangelnn des preises das sie sich Gottes nicht rühmen mügen Roman. 1.
Vom Teüffel vnd Todt
Die Sünnde ist des Todes spiess aber das gesetz ist der sunden krafft. 1. Corinth. 15.
Das gesetz Richtet zornn ahn. Roman. 4.
Vom Mose vnd den Propheten
Dürch das gesetz kömet erkenntnis der sunden
Matthei. 11.
Das gesetz vndt propheten gehen bis auff

INRI
Vom menschen
Rechte lebett seines glaubens Roman·1·
alten das ein mensch gerecht werde den glauwen
werch des gesitzs Roman·3·
Vom Teuffer
Sihe das ist gottes Lamb das der welt sundetregt
Sant Johannis Baptist Johannis·Z·
In der heiligung des geistes zum gehorsam vnd besprng
ung des blutes Jesu Christi amen·1·petri·1·
Von Tode vnd Lamb
Der Tod ist verschlungen im sieg Tod wo ist dein spiss
Helle wo ist dein sieg: danck hab Gott der vns den siegl gegeben
hat durch Jesum christum vnsern herren·1·Corinth·15

Gesetz, das seine Sündhaftigkeit offenbart – Der Mensch in der Gnade, die ihm durch den Sieg Christi über die Mächte des Bösen zuteil wird. Darüber hinaus ist das Gothaer Tafelbild ein didaktisches Mittel, die biblischen Zitate zu veranschaulichen, die in sechs Rubriken am unteren Bildrand geschrieben stehen und den Bildablauf wiedergeben.

Das *Weimarer Tafelbild* dagegen ist ein *Bekenntnisbild*, eine Predigt über die Erlösung des Menschen allein durch den Glauben. Hier geht es nicht mehr um den Gegensatz von Gesetz und Gnade. Hier geht es um den gläubigen Menschen, der in der Gnade des Heilands geborgen ist.[26]

Interessanterweise ist Maria, die Mutter Jesu, auf dem Prager Bild hinter dem Kreuz auf einer Bergkuppe sichtbar, während das Gothaer Bild ihr dort keinen Platz mehr einräumt.

26 Ob die soteriologische Akzentsetzung des Weimarer Altares noch mit dem Bildverständnis Luthers in Einklang zu bringen ist, darf in Frage gestellt werden.

SYMBOLIK DER PFLANZEN

DIE THEOLOGISCHE BOTSCHAFT DES ALTARES spiegelt sich in der Auswahl der auf ihm abgebildeten Pflanzen wider. Es sind vorwiegend Heilpflanzen der damaligen Zeit, die zum größeren Teil auch noch in der heutigen Heilbehandlung Verwendung finden.

Diese Heilpflanzen haben allerdings auch Symbolcharakter.[27] Sie künden von einer Seinsweise, die der sinnlichen Wahrnehmung nicht mehr zugänglich ist und deshalb auch nicht mit den Sinnen erfasst werden kann.

---

27 Ein Symbol (griech. symballein = zusammenfallen, zusammenwerfen) entsteht, »wenn die real-profane Erscheinungsebene mit der transzendent-sakralen Ebene ›zusammengeworfen‹ wird.« Sachs, Hannelore; Badstübner, Ernst; Neumann, Helga: Wörterbuch der christlichen Ikonographie, 10. Auflage, Regensburg 2012, S. 334.
Die botanische Bestimmung der Pflanzen nahmen die Botaniker Helga Dietrich, Jena, und Werner Westhus, Jena, vor. Nicht alle Pflanzen auf dem Cranach-Altar können botanisch bestimmt werden. Es finden sich auch etliche Chimären (Mischwesen), die keine Rückschlüsse auf einen Symbolgehalt zulassen.

Unter Luthers linkem Fuss wächst die Pflanze **Ehrenpreis** *(Veronica spec.)* hervor, sie blüht auch an der Ferse des rechten Fußes von Luther und findet sich in Höhe des Umhangzipfels des Auferstandenen als kriechendes Kräutlein *(Veronica agrestis)*.

Wegen ihrer schweißtreibenden Kraft wurde die Pflanze zum Schweißtuch der Heiligen Veronica in Beziehung gesetzt.[28] Ihr botanischer Name *(Veronica)* führte zu dem Wortspiel »vera unica medicina«[29] – ein wahres und in seiner Art einzigartiges Heilmittel. Aufgrund dieser Heilkraft wurde Ehrenpreis zum Symbol der Passion.[30]

---

28 Vgl. Gallwitz, Esther: Kleiner Kräutergarten, Insel TB, Frankfurt 1996, S.110.

29 Birkhan, Helmut: Pflanzen im Mittelalter. Eine Kulturgeschichte, Wien-Köln-Weimar 2012, S. 10.

30 Vgl. Gallwitz, Esther (wie Anm. 28), S. 110.

Vor dem rechten Fuss Luthers wächst eine **Walderdbeere** *(Fragaria vesca)*.

Sie findet sich auch unterhalb des rechten Arms vom Tod, der als Gerippe dargestellt wird. Nach einer Volkssage dienen die Walderdbeeren den Seelen verstorbener Kinder zur Nahrung, deshalb werden sie auch »Speise der Seligen« genannt. Ihre dreigeteilten Blätter weisen auf die Dreifaltigkeit hin. Die fünf weißen Blütenblätter stehen für die fünf Wunden Jesu. Sie symbolisieren auch die Unschuld und Reinheit Mariens, während die rote Farbe ihrer Früchte auf das Blut Christi hinweist. So wie die roten Früchte dieser Pflanze sich zur Erde neigen, so strömt auch das Blut Christi zur Erde. Aufgrund ihres bodennahen Wachstums steht die Erdbeere für Bescheidenheit und Demut.[31]

---

[31] Vgl. Beuchert, Marianne: Symbolik der Pflanzen, Insel TB, 5. Auflage, Frankfurt 2014, S. 79 f., Gallwitz, Esther (wie Anm. 28), S. 121.
Behling, Lottlisa: Die Pflanze in der mittelalterlichen Tafelmalerei, Weimar 1957, S. 19.

Nicht weit entfernt von der Walderdbeere am rechten Fuß Luthers blüht die **Akelei** *(Aquilegia vulgaris)*.

Demut und Anbetung drücken sich in ihrem gesenkten Blütenkopf aus. Mit ihren gespornten Blütenblättern, die Tauben ähneln, weist sie auf den Heiligen Geist und auf die Unschuld Mariens hin.[32] Ihr englischer Name ist »columbine flower« (columba, lat. die Taube). Im Süddeutschen (Oststeiermark) nennt man sie »Fünf Vögerl zusamm«[33]. Aber sie ist auch Sinnbild für den Kummer Mariens, denn ihr französischer Name »ancolie« ist eine Verkürzung des

32 Vgl. Gallwitz, Esther (wie Anm. 28), S. 93.

33 Ebd., S. 93. Vgl. auch Behling, Lottlisa (wie Anm. 31), S. 36: »Die Gestalt eines Akeleiblütenhonigblattes erinnert entfernt an eine Taube. Nach Jesajas 11,2 sind dem Messias sieben Gaben des Heiligen Geistes verliehen: Sapientia, Intellectus, Consilium, Fortitudo, Scientia, Pietas, Timor. Das Symbol des Heiligen Geistes ist die Taube, und so sieht man auch die Gaben des Heiligen Geistes sich in Gestalt von Tauben zu dem fleischgewordenen Gottessohn niederlassen, wie auf einem Tafelbilde des Erfurter Augustineraltars um 1370 ...«

Wortes »Melancholie«. So wurde sie im Zeitalter der Renaissance oft als Begräbnispflanze verwendet.[34]

UNTERHALB DES LINKEN VORDERHUFS vom Lamm wächst dreiblättriger **Rotklee** *(Trifolium pratense)*.

Hinter dem Bein Cranachs links ist diese Pflanze auch zu sehen, genauso wie vor seiner Fußspitze. Die Dreiblättrigkeit des Klees deutet auf die Dreifaltigkeit hin. Ein dreiblättriges Kleeblatt (Shamrock) ist eines der Attribute des Heiligen Patrick, der dem irischen Volk im Rahmen seiner Missionstätigkeit anhand eines Kleeblatts das Geheimnis der Dreifaltigkeit erklärt haben soll: »So wie hier die Blätter an einer Stelle entspringen und zusammen doch nur ein Blatt sind, so gehen von Gott drei Teile aus, untereinander gleichberechtigt, aber dennoch ein Ganzes bildend.«[35] Noch heute ist der dreiblättrige Klee ein irisches Nationalsymbol.[36]

---

34 Vgl. Gallwitz, Esther (wie Anm. 28), S. 93.

35 Zitiert bei: Beuchert, Marianne (wie Anm. 31), S. 163.

36 Vgl. Gallwitz, Esther (wie Anm. 28), S. 150.

Als Heilmittel gegen Schlangenbisse symbolisiert der Klee auch die Erlösung des Menschen. In der Schlange tut sich das Böse auf, im Klee die Erlösung.[37]

An der Seite des rechten Fusses von Johannes dem Täufer, zum Kreuz hin, wächst **Löwenzahn** *(Taraxacum officinale)*.

Als heilbringendes Kraut wurde er zu einem Attribut Mariens. In der »Goldenen Schmiede« des Konrad von Würzburg aus dem 13. Jahrhundert wird Maria als des Löwen Mutter bezeichnet (»Du bist des lewen muoter«).[38] Die Pflanze weist in ihrer Symbolik auf Christi

[37] Vgl. Gallwitz, Esther. Siehe auch ein Emblem des 16. Jahrhunderts: »Deine Majestät, dreieiniger Gott, schlägt die Gottlosen ebenso in die Flucht, wie der segenspendende Klee die ruchlosen Schlangen.« Camerarius, Joachim (Cam. I. Nr. 74) zitiert in: Henkel, Arthur; Schöne, Albrecht (Hrsg.): Emblemata. Handbuch zur Sinnbildkunst des XVI. und XVII. Jahrhunderts. Sonderausgabe, 2. Auflage, Stuttgart 2013, Spalte 349/50.

[38] Vgl. Behling, Lottlisa (wie Anm. 31), S. 35.

Löwenmut hin.[39] Ihr Standort zeigt die innere Nähe von Christus und Johannes dem Täufer.

MARGERITEN *(LEUCANTHEMUM VULGARE)* erheben sich vor dem weißen Lamm.

Das lateinische Wort »margarita« bedeutet »Perle«. Auf Bildern der Renaissance sieht man dieses »Perlen-Blumen-Tränen-Motiv« als Zeichen für die Tränen um das Leiden Christi. Konrad von Würzburg machte die Margerite aufgrund ihres edlen Aussehens (margarita/Perle) in der »Goldenen Schmiede« zum Attribut Jesu Christi. Er richtete an Maria die Worte: »Dein Sohn war von so edler Art, dass ihm die Margarite ward zugesellt.«[40]

---

39 Vgl. Gallwitz, Esther (wie Anm. 28), S. 165.

40 Zitiert bei: Zerling, Clemens: Lexikon der Pflanzensymbolik, 2. Auflage, Darmstadt 2013, S. 179.

An den Hals des Lammes schmiegt sich ein **Veilchen** *(Viola odorata)*, ein weiteres Veilchen befindet sich auch zwischen den Hinterläufen des Lammes.

Da das Veilchen von niedrigem Wuchs ist, steht es für den Kreuzestod Christi, der sich erniedrigte bis zum Tod am Kreuz (vgl. Phil 2,8). Aber es ist auch Symbol für die Mutter Jesu, die in geistlichen Liedern der mittelalterlichen Frömmigkeit oft »Veilchen der Demut« genannt wurde.[41]

Vor dem Lamm wächst ein **Weinstock** *(Vitis vinifera)* empor.

[41] Vgl. Beuchert, Marianne (wie Anm. 31), S. 318.

Der Wein ist ein Christussymbol gemäß seiner Aussage: »Ich bin der Weinstock ...« (Joh 15,5). In Verbindung mit dem Blutstrahl, der aus der Seite Christi strömt, weist der Wein auch auf die Konsekration beim Abendmahl hin. So versinnbildlicht der Wein das Blut Christi.

An der Seite des Lammes ist eine **Kornblume** *(Centaurea cyanus)* sichtbar.

Aufgrund ihrer leuchtend blauen Farbgebung wurde sie oft Maria, der Himmelskönigin, zugeordnet. In der Kunst der Renaissance ist Maria häufig mit einem Kranz aus Kornblumen geschmückt.[42] Aber die Kornblume ist auch Christussymbol, wächst sie doch zwischen Ähren und weist in ihrer Symbolik auf das konsekrierte Brot im Abendmahl hin.

Für die Fertigung des Kreuzes wurde vermutlich das Holz der **Rotbuche** *(Fagus sylvatica)* verwendet. Auf

42 Vgl. Beuchert, Marianne, S. 167.

der linken Seite des Kreuzesstammes, über dem Rücken des Lammes, befindet sich **Wundklee** *(Anthyllis vulneraria)*.

Es sind die Wunden Christi, die durch den Klee Heilung erfahren sollen.

UNTER DEM LINKEN HINTERHUF des Lammes wächst die purpurrote **Taubnessel** *(Lamium purpureum)* und rechts neben ihr der **Thymian** *(Thymus spec.)* ins Bild.

Beide Pflanzen sind Heilpflanzen.[43] Geeignet sind sie in besonderer Weise für die Wundbehandlung und stehen hier als Symbol für das Leiden Christi.

---

43 Vgl. Birkhan, Helmut (wie Anm. 29), S. 166 f.

An der linken Seite des Teufels, der Personifikation des Bösen, blüht eine **Mohnblume** *(Papaver rhoeas)*.

Ihre rote Farbe machte sie zum Symbol der Passion. Wie die Kornblume ist auch diese Pflanze häufig auf Getreidefeldern zu sehen und erinnert an das Brot beim Abendmahl. Da diese Mohnblume ganz in der Nähe des auferstandenen Christus wächst, könnte Cranach noch an ein anderes Mohngewächs gedacht haben, das allerdings hier nicht als ein solches botanisch bestimmt werden kann. Es handelt sich um den **Schlafmohn** *(Papaver somniferum)*. Bereits in der Antike war der Mohn Attribut von Hypnos, dem Gott des Schlafes, sowie von Morpheus, dem Gott des Traumes und der Nacht.[44] In dieser Eigenschaft wurde die Mohnblume oft auf Grabsteine gesetzt. Die Symbolik dieser Pflanze birgt die Hoffnung, dass der Tod nur ein Schlaf ist, aus dem man wieder erwacht. Im Zusammenhang mit einer Kreuzesdarstellung weist sie auf die Auferstehung hin.

---

44 Vgl. Beuchert, Marianne (wie Anm. 31), S. 225 ff., Gallwitz, Esther (wie Anm. 28), S. 179.

Und so blüht die Mohnblume nicht nur in der Nähe des Auferstandenen, sondern auch an der Seite des *besiegten* Teufels.

Das Gerippe, der Tod, wendet seinen Kopf zur **Kornrade** *(Agrosthemma githago)*.

Auch wenn diese Pflanze eine Heilpflanze war, ist sie äußerst giftig.[45] Die Verunreinigung des Getreides mit Samen der Kornrade kann zu einer gefährlichen Brotvergiftung führen, die tödliche Folgen hat. Blickt der Tod deshalb – begehrlich züngelnd – mit stechenden Augen auf diese todbringende Pflanze, während sie sich ihm mit einer Blüte entgegenstreckt? Die Kornrade war früher auf Getreidefeldern zu finden – ein Hinweis auf das Brot beim Abendmahl –, ist aber heute durch Herbizide und Saatgutreinigung fast ausgestorben.

---

45 Vgl. Birkhan, Helmut (wie Anm. 29), S. 50.

Sowohl Breitwegerich als auch Spitzwegerich sind an etlichen Stellen des Altares sichtbar, **Spitzwegerich** *(Plantago lanceolata)* z. B. links neben dem gehetzten Adam, links unterhalb des Knies von Johannes dem Täufer als Rosette; **Breitwegerich** *(Plantago major)* z. B. am Grunde des Felsens, über dem Rachen des Teufels.

Der Breitwegerich ist »eine so ›charakteristische Wegpflanze‹, dass Archäologen urgeschichtliche Straßen und Wege noch heute mittels der Wegerichpollenkörner bestimmen können.«[46] Nicht umsonst wird er »wege-rīch« (mhd.) »Herrscher des Weges« genannt.[47]

Als Symbol steht Breitwegerich zuerst für den viel betretenen Weg, aber auch für die vielen Menschen, die den Weg Christi suchen und ihm folgen wollen.[48] In der lateinischen Bezeichnung der Pflanze »plantago« steckt

---

46 Birkhan, Helmut, S. 171.

47 Vgl. ebd.

48 Vgl. Gallwitz, Esther (wie Anm. 28), S. 236.

das Wort »planta«, das »Fußsohle« und auch gleichzeitig »Pflanze« bedeutet.

Der Spitzwegerich wird aufgrund seines Lanzettenblattes zum Attribut der Passion und erinnert an die Lanze, die die Seite Christi öffnete.[49] Die anspruchslose Pflanze versinnbildlicht auch die Demut Mariens und ist aufgrund ihrer blutstillenden Wirkung ein Symbol der Heilung.[50]

Am unteren Bildrand, rechts vom Fuß Luthers, wächst das **Acker-Vergissmeinnicht** *(Myosotis arvensis)*.

Seine Symbolik besteht in dem Wort selbst: »Vergiss mein nicht!«

[49] Vgl. Gallwitz, Esther, ebd.

[50] Vgl. Behling, Lottlisa (wie Anm. 31), S. 60.

AUSSENSEITEN DER ALTARFLÜGEL

Die Aussenseiten der Altarflügel zeigen Taufe und Himmelfahrt Christi, Anfang und Ende seines Wirkens auf Erden. Diese beiden Gemälde stammen aus der Cranach'schen Werkstatt.

Im Vordergrund des Taufgemäldes steht Jesus in den Wassern des Jordans. Das Wasser reicht ihm fast bis zu den Knien. Seine Arme sind in Gebetshaltung über der Brust gekreuzt. Ein weißes Tuch ist locker um seine Hüften gewickelt. Sein Blick ist auf uns gerichtet, er lächelt uns an. Von keinem Evangelisten ist ein Lachen bzw. Lächeln Jesu überliefert. Will der Künstler mit der Darstellung des Lächelns die besondere Nähe Jesu zu uns Menschen, die Solidarität mit uns Menschen betonen?

Johannes der Täufer, bekleidet mit einem Gewand aus Kamelhaaren, *kniet* hinter Jesus. Seine linke Hand ruht auf der Schulter Jesu, mit seiner rechten schüttet er Wasser aus dem Fluss Jordan auf dessen Haupthaar.

Cranach-Altar, geschlossen, ohne Gesprenge

und rekonstruierter Predella

Johannes schaut den Betrachter nicht an. Sein Blick ist in die Ferne gerichtet; er ist nur der Vorläufer dessen, der für die Menschen Mensch geworden ist.

Während Jesus getauft wird, tut sich in der oberen Bildhälfte der Himmel auf. Gott-Vater, die Weltkugel mit dem Kreuz in der Linken, erscheint im goldenen Lichterglanz umgeben von einem Wolkenkranz mit Engelköpfen. Er weist auf seinen Sohn, vorbei an der Taube des Geistes, die ihre Schwingen über Jesus ausbreitet. Sowohl die Taube als auch das Haupt Jesu und die taufende Hand von Johannes befinden sich in einer genau senkrechten Linie: Durch die Taube als Symbol des Heiligen Geistes berühren sich Himmel und Erde wieder. Gottes Geist wirkt schon hier und heute, nicht erst irgendwann in einem neuen Leben nach dem Tod.

Hirsche tummeln sich im Hintergrund des Gemäldes. Sie äsen, sie jagen, sie röhren und messen sich im Kampf. In Anlehnung an verschiedene Psalmen wird der Hirsch als Taufsymbol gesehen, z. B.: »Wie der Hirsch lechzt nach frischem Wasser, so schreit meine Seele, Gott, zu dir.« (Ps 42,2) Noch weitgehender deutet ein frühchristliches Zeugnis die Nähe des Hirsches zur Taufe: Der Hirsch ist ein erbitterter Feind der Schlange. Wenn die Schlange vor dem Hirsch in die Erdspalten flieht, speit dieser frisches Quellwasser in diese Erdspalten und treibt die Schlange heraus. Dann zertritt er sie.[51]

[51] Vgl. Physiologus. Frühchristliche Tiersymbolik, aus dem Griechischen übersetzt und hrsg. von Treu, Ursula, Berlin 1981, S. 56. Von der Feindschaft zwischen Schlange und Hirsch berichtet auch ein Emblem: »Der geweihtragende Hirsch zieht die schwarze Schlange aus dem Dunkel hervor, tötet sie und verschlingt sie sodann ...« Reusner, Nicolas (Reusn Embl. II, Nr. 24) zitiert in: Henkel, Arthur; Schöne, Albrecht (Hrsg.), (wie Anm. 37), Spalte 469.

Cranach-Altar, geschlossen, linker Flügel, Hirsche, Detailansicht

»So schlägt auch unser Herr die Schlange, den Teufel, mit dem Himmelswasser, das er in Gottes Wort der heiligen Weisheit hat.«[52] In dieser Wirkkraft Gottes deutet sich ein Sinnbild für die Wiedergeburt durch das Wasser der Taufe an.[53]

Vor dem im Wasser des Jordan stehenden Jesus wächst **Storchschnabel** *(Geranium,* Art nicht bestimmbar; an sich müsste die Pflanze fünf Kronblätter haben und nicht vier, wie hier abgebildet).

---

[52] Physiologus (wie Anm. 51), S. 57.
Dazu auch: Görres, Daniel: Cranach, Luther und die Ernestiner. Der Epitaphaltar der Stadtkirche St. Peter und Paul in Weimar, in: Bild und Bekenntnis (wie Anm. 1), S. 37–53, S. 43 f.

[53] Vgl. Zerling, Clemens: Lexikon der Tiersymbolik. Mythologie, Religion, Psychologie. Völlig überarbeitete und erweiterte Neuausgabe, Klein Jasedow 2012, S. 138.

Der Storchschnabel wurde auch »gratia dei« (Gnade Gottes) genannt.[54] So könnte diese Pflanze die Gnade, die sich über Jesus aus dem geöffneten Himmel ergießt, symbolisieren, wächst sie doch unmittelbar vor ihm.

Neben dem Storchschnabel, aber auch unmittelbar vor Jesus, »ist eine herrliche **Türkenbundlilie** *(Lilium martagon)* erblüht, von der zehn voll erschlossene Blüten wie Kronen herabhängen«.[55] Sie ist Sinnbild für die Reinheit und Sündenlosigkeit Jesu.

[54] Vgl. Gallwitz, Esther (wie Anm. 28), S. 226.

[55] Behling, Lottlisa (wie Anm. 31), S. 155.

Vor dem rechten Bein Johannes' des Täufers wächst **Rainfarn** *(Tanacetum vulgare)*.

Bis heute hält sich manchenorts der Glaube, dass er böse und dämonische Kräfte abwehrt.[56] In früherer Zeit wurde häufig ein Sträußchen Rainfarn über die Haustür gehängt, um böse Geister abzuhalten. Diese mit Zauberkräften versehene Pflanze wächst unmittelbar vor Johannes dem Täufer, dem Vorläufer Jesu. Da sich der Himmel bei der Taufe Jesu öffnet, wird die Kraft der Dämonen geschwächt. Deshalb haben Zauberpflanzen an Bedeutung verloren. Storchschnabel (Gnade Gottes) und Türkenbundlilie (Sinnbild für Reinheit und Sündenlosigkeit) befinden sich nun im Vordergrund des Gemäldes.

Die zwischen den Zehen und dem Knöchel von Johannes dem Täufer wachsende **Gewöhnliche Ochsenzunge** *(Anchusa officinalis)* diente in geringer Dosierung als Wunden heilende Pflanze.[57]

---

[56] Vgl. Behling, Lottlisa, ebd.

[57] Vgl. Birkhan, Helmut (wie Anm. 29), S. 145.

Auf der Aussenseite des rechten Altarflügels ist die Himmelfahrt Christi dargestellt. Christus schwebt in einer Mandorla[58], die von Engelköpfen umgeben ist. Seine Gewandung, aus der noch ein kleiner Teil des Lendentuchs herausblitzt, ist ähnlich der des Auferstandenen, der auf der Festtagsseite des Altars abgebildet ist. Durchsichtig ist der Schaft der Fahne, den der zum Himmel Schwebende in seiner Linken hält. Sein rechter Arm ist emporgehoben, die Finger zu einer gleichzeitigen Redner- und Segensgeste geformt.

Von diesem erhöhten Christus geht eine solche Kraft aus, dass in der unteren Hälfte des Bildes das Wiesenstück, über dem Christus schwebt, nach oben gezogen wird. Dadurch steht den Anhängern Christi, die um dieses Wiesenstück knien, zwar nicht das Wasser, aber

---

58 Mandorla ist ein mandelförmiger »Lichtschein, der auf mittelalterlichen Kunstwerken den ›Christus in Majestät‹ ... umgibt« ... Sie »ist Emanation des göttlichen Lichtes in der Gegenwart Gottes und zugleich Verschleierung der Sicht auf dieses Licht.« Heinz-Mohr, Gerd: Lexikon der Symbole. Bilder und Zeichen der christlichen Kunst, 6. Auflage, Düsseldorf-Köln 1981, S. 198.

der Boden dieses Wiesenstücks bis zum Hals. Ergriffen, ja, aufs Tiefste berührt, folgen sie mit ihren Blicken dem entschwebenden Christus. Einer von ihnen, links im Bild, er hat einen Schnauzbart, scheint von dem Geschehen, das sich hier abspielt, jedoch nicht sehr bewegt zu sein. Sein Blick ist nicht im Bild gebunden. Neugierig schaut er auf den Betrachter des Gemäldes. Hat Cranach hier einen Zeitgenossen im Blick? In dem Antlitz der Gestalt, die zuvorderst am linken Bildrand kniet, lassen sich Porträtzüge von Johannes Grau, dem ersten evangelischen Pfarrer und Superintendenten von Weimar, erkennen. Ein Ölgemälde des Jahres 1559, das heute im Stadtmuseum von Weimar hängt, stellt Johannes Grau ganzfigurig dar. Lässt man dieses Ölgemälde länger auf sich wirken, wird man gewahr, dass die Physiognomie des hier Abgebildeten der des oben Genannten sehr ähnlich ist.

Auf dem Wiesenstück wachsen viele nicht blühende Süßgräser, Walderdbeeren, Klee und etliche Wegerichpflanzen.

Der Wegerich symbolisiert im Kontext dieses Gemäldes die Wege, die zu Christus führen. Da auf dem Wiesenstück, von dem sich Christus gelöst hat, seine Fußabdrücke noch zu sehen sind, liegt es an uns, diesen Fußspuren auf unseren Wegen nachzugehen.

Cranach-Altar, geschlossen, rechter Flügel, Zeugen der Himmelfahrt, Detailansicht

EIN ERNESTINISCHES RETABEL

Die ernestinische Linie ist eine Linie des Hauses Wettin. Stammvater der Ernestiner ist Kurfürst Ernst von Sachsen.

Im Jahre 1485 nahmen Kurfürst Ernst und dessen Bruder Herzog Albrecht die Teilung ihres Reiches in eine ernestinische und albertinische Linie vor (Leipziger Teilung). Die Kurwürde blieb beim älteren Bruder Ernst und in der ernestinischen Linie.

Im Jahre 1547 verlor der Ernestiner Johann Friedrich, Kurfürst von Sachsen, an der Spitze des protestantischen Schmalkaldischen Bundes die Schlacht bei Mühlberg / Elbe gegen Kaiser Karl V. In der Folge verlor er die Kurwürde und den Kurkreis mit den Residenzen Torgau und Wittenberg an seinen sächsischen Verwandten, den Albertiner Moritz. Moritz hatte an der Seite des Kaisers gekämpft, da er davon ausgegangen war, dass der Kaiser ihm im Fall eines Sieges über die Ernestiner die Kurwürde übertragen würde.

Für die Ernestiner aber war der neue Kurfürst Moritz ein Verräter und man gab ihm den Beinamen »Judas von Meißen«.[59]

Nach dieser Niederlage im Schmalkaldischen Krieg verblieben dem ehemaligen Kurfürsten nur noch seine Besitzungen in Thüringen. Er machte Weimar zu seiner Residenz und die Stadtkirche zur Grablege des ernestinischen Geschlechts.

Auf dem linken Altarflügel des Retabels ist er neben seiner Gemahlin Sibylle von Cleve ins Bild gesetzt. Sein Kopf ist ein wenig geneigt, als wolle er dem Betrachter des Retabels die Narbe auf seiner linken Wange zeigen. Die Folge einer schweren Verletzung, die ihm im Krieg von 1547 durch einen Schwerthieb in das Gesicht zugefügt worden war. Sie ist Beweis seines Zeugnisses für den evangelischen Glauben und Demonstration seines großen Mutes. Nicht umsonst trägt Johann Friedrich den Beinamen »Der Großmütige«. Aber die Wunde deutet auch auf den Fall des ernestinischen Hauses hin. Für Karl V. war Johann Friedrich der Besiegte, für die Ernestiner war er der Märtyrer.

MIT SEINER GEMAHLIN SIBYLLE VON CLEVE (1512–1554) kniet Herzog Johann Friedrich (1503–1554) – beide im schwarzen Gewand mit dunkelbrauner Schaube – an einem schwarz verhängten Betpult in Adorationshaltung (Anbetungshaltung). Ihre Wappen heben sich

---

[59] Vgl. Leppin, Volker: Die Reformation, Wissenschaftliche Buchgesellschaft, Darmstadt 2013, S. 114.

Herzog Johann Friedrich, »geborener Kurfürst«, mit seiner Gemahlin Sibylle von Cleve. Herzog Johann Friedrich II., Herzog Johann Wilhelm, Herzog Johann Friedrich III.

von ihrer schwarzen Gewandung durch die Vielzahl der Farben stark ab. Auf dem Wappen von Johann Friedrich prangen zwei gekreuzte Schwerter. Sie sind Zeichen seiner ehemaligen Kurwürde. Kurz vor seinem Tod wurde ihm durch einen Vertrag zugestanden, sich offiziell »geborener Kurfürst« nennen zu dürfen.[60] Die gekreuzten Schwerter sollen allerdings auch den Anspruch legitimieren, die verlorene Kurwürde wiederzuerlangen. Ein Anspruch, der sich auch im Gesprenge des Altars manifestiert, denn hier ist das eigentlich den Albertinern zugehörige Kurwappen mit den gekreuzten Schwertern auf schwarz-silbernem Grund zu sehen.[61] Johann Friedrich war allerdings der letzte Ernestiner, der den Titel »Kurfürst« tragen durfte.

Den Hintergrund dieser Szene bilden breite Flächen von gewirktem Goldbrokat. Auf dem über eine Kordel gelegten Vorhang ist der Wahlspruch der Ernestiner mit seinen Anfangsbuchstaben eingewebt: V D M I AE (Verbum Domini manet in aeternum: Das Wort des Herrn bleibt ewiglich, Jes 40,8). Auf dem rechten Flügel ist der Hintergrund ähnlich gestaltet, allerdings

---

60 Vgl. Trümper, Timo: Inszenierungsstrategien der Ernestiner. Die Cranachs als Diener des Hofes, in: Bild und Botschaft. Cranach im Dienst von Hof und Reformation (Ausstellungskatalog), hrsg. v. Stiftung Schloss Friedenstein Gotha und Museumslandschaft Hessen Kassel, Heidelberg 2015, S. 17–28, S. 26.

61 Vgl. Böhlitz, Michael: Der Weimarer Cranachaltar im Kontext von Religion und Geschichte: ein ernestinisches Denkmal der Reformation, in: Lucas Cranach 1553/2003. Wittenberger Tagungsbeiträge anlässlich des 450. Todesjahres Lucas Cranachs des Älteren, hrsg. v. Tacke, Andreas, Leipzig 2007, S. 277–298, S. 296, sowie: Trümper, Timo (wie Anm. 60), S. 27.

ohne Wahlspruch. Der Brokatstoff ist als Zeichen der Trauer schwarz unterfüttert. Hier knien die drei bis 1557 gemeinsam regierenden Söhne des verstorbenen herzoglichen Paars, ebenfalls an einem schwarz verhängten Pult, die Hände zum Gebet zusammengelegt: Johann Friedrich II. d. M. (1529–1595), Johann Wilhelm (1530–1573) und Johann Friedrich III. d. J. (1538–1565). Das Wappen an ihrem Pult ist in verkürzter Form eine Zusammenstellung des herzoglich-sächsischen Wappens und des Wappens von Jülich-Cleve-Berg. Sie sind in der gleichen Größe wie Herzog Johann Friedrich, »geborener Kurfürst«, und seine Gemahlin Sibylle von Cleve auf dem linken Flügel abgebildet. Die so vorgenommene Darstellung dokumentiert sowohl ihre dynastische Legitimität als auch den daraus resultierenden Machtanspruch.[62]

Da die drei Herzöge das »landesherrliche Kirchenregiment« innehatten, wurden sie von der Gemeinde nicht nur als Landesherren, sondern auch als Beschützer und Garanten des wahren evangelischen Glaubens wahrgenommen. Dieser wird in der Mitteltafel des Altares verbildlicht, die zwischen den dunkel erscheinenden Flügeln von innen heraus in wundersam anmutender Weise leuchtet. Auf diese Weise wird dem gläubigen Betrachter die enge Verzahnung zwischen geistlicher und weltlicher Herrschaft vor Augen gestellt.

AUF DER PREDELLA, dem sockelartigen Unterbau des Flügelaltars, ist eine große Tafel aus Lindenholz angebracht. Sie zeigt eine entsprechend umfangreiche lateinische

62 Vgl. Görres, Daniel: Der Cranach-Altar der Stadtkirche St. Peter und Paul in Weimar und sein Betrachter, S. 24.

Inschrift – im Umriss eines Abendmahlkelchs gesetzt – mit goldenen Lettern auf dunklem Hintergund.[63]

Diese sogenannte Predelleninschrift[64] ist ein konstitutives Element für das Denkmal. Sie besteht aus einer Widmung (Dedicatio), einem zweistrophigen Epigramm und einem Datum. Die drei Söhne widmen ihren verstorbenen Eltern das Monument mit folgender Inschrift[65]:

»Den durchlauchtigsten und ruhmreichen Fürsten, dem Herrn Johann Friedrich I., Herzog von Sachsen, geborenen Kurfürsten des Römischen Reichs, Landgrafen von Thüringen, Markgrafen von Meißen und der Herrin Sibylle, geborenen Herzogin von Cleve, Jülich, Berg etc., ihren sehr teuren Eltern, haben die tief betrübten Söhne Johann Friedrich II., Johann Wilhelm, Johann Friedrich III. aus Dankbarkeit dieses Denkmal gesetzt.

Ihren Eltern, die im grausamen Krieg ihren gerecht machenden Glauben mit standhafter Frömmigkeit bekannt haben, ihren frommen Eltern haben von Frömmigkeit beseelt, die dankbaren Kinder, drei Brüder aus einem Herzen, diese Tafel gesetzt, damit sie im Laufe der Jahre des verteidigten Glaubens Denkmal und der Liebe ein Pfand sei.

---

63 Die Buchstaben sind mit einem Kerbschnittmesser herausgearbeitet. Die Lindenholzplatte hat einen Anstrich als Fassmalerei. Die Schrift ist als Ölvergoldung ausgeführt. (Architektur + Denkmalpflege, Dr. Anja Löffler, Küchengartenallee 13, 07548 Gera-Untermhaus).

64 Die originale Predella ist nicht mehr erhalten. Sie wurde im Jahr 2014 rekonstruiert nach einem Kupferstich von Peter Troschel aus dem Jahr 1645 (siehe Anhang, S. 85).

65 Übersetzung von der Autorin. ➛

Christus, der Du den Deinen wirksam Schutz und Schirm gewährst, so dass sie auch das überwinden, was für unüberwindlich gilt. Gib Frieden und halte die Feinde in Schranken! Trage Du als Mittler Sorge für die, die den Vater fürchten, dessen Weisheit Du ausstrahlst! Hinweg, du unselige Weisheit der Menschen! Gerecht vor Gott macht das Vertrauen in Christus allein.
Im Jahre des Herrn 1555.«

Lateinischer Originaltext:
ILLVSTRISSIMIS ET INCLITIS PRINCIPIBVS D. IOANNI FRIDERICO I. DVCI SAXONIAE, IMPERII ROM. NATO ELECTORI, LANTGRAVIO THVRINGIAE, MARCHIONI MISNIAE, ET D. SIBYLLAE NATAE DVCI CLEVENSI, IVLIACENSI, BERGENSI etc. DESIDERATISSIMIS PARENTIBVS LVCTVOSI FILII, IOANNES FRIDERICVS II. IOANNES WILHELMVS, IOANNES FRIDERICVS III., GRATITVDINIS ERGO, POSVERVNT. CONFESSIS STABILI PER SAEVA PARENTIBVS ARMA/ IVSTIFICAM PIETATE FIDEM, PIETATIS AMANTES/ GRATA PIIS SOBOLES, VNO TRES PECTORE FRATRES/HANC TABVLAM POSVERE, ANNIS VT EVNTIBUS ESSET/ADSERTAE FIDEI MONVMENTVM, ET PIGNVS AMORIS.
CHRISTE, TVIS PRAESENS QVI TVTA VMBRACVLA PRAEBES,/ VT SVPERENT ETIAM, QUAE NON SVPERANDA PVTANTVR./ DA PACEM ATQVE HOSTES COMPESCE, TVERE TIMENTES/TE MEDIANTE PATREM, CVIVS SAPIENTIA SPLENDES./ I PROCVL INFELIX HOMINVM SAPIENTIA, IVSTVM/ ANTE DEVM IN SOLO REDDIT FIDVCIA CHRISTO.
ANNO DONI M.D.LV

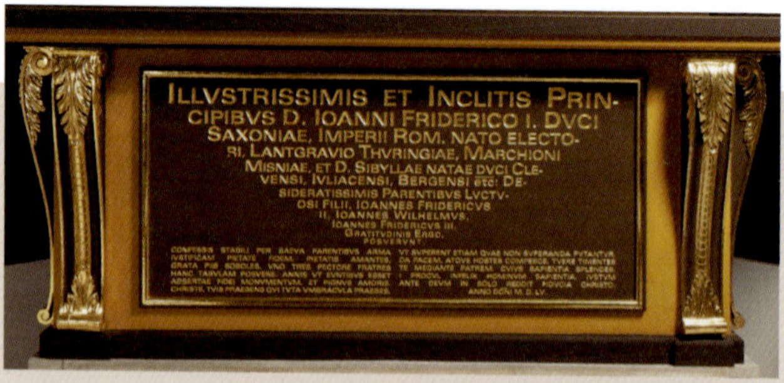

Predella

Der zweite Teil der lateinischen Inschrift, der in Hexametern gefasst ist, stammt von Johann Stigel. Die Inschrift weist gewisse Parallelen zu Vergils großem National-Epos »Aeneis« auf. Vergil gehört zu den bedeutendsten Autoren der klassisch römischen Antike. In diesem Epos zeichnet sich der Held, der Trojaner Aeneas, nicht nur durch seine Pietas (Frömmigkeit) aus, er verkörpert sie regelrecht. Auch in der Predelleninschrift wird sowohl die Pietas der Eltern als auch die der drei Söhne hervorgehoben.[66] Ebenfalls ist das Versmaß des zweistrophigen Epigramms in Hexametern gehalten.[67] Sollte

[66] Stigel greift hier auf das römische (antike) Verständnis von »Pietas« zurück: »Pietas« als pflichtgemäßes Handeln gegenüber den Göttern, dem Vaterland und den Verwandten (Eltern – Kinder).

[67] Weitere Bezüge zu Vergils »Aeneis«: Vgl. Hecht, Christian: Bildpolitik im Weimar der Reformationszeit. Das Cranach-Triptychon in der Weimarer Stadtkirche St. Peter und Paul, in (wie Anm. 1), S. 55–74, S. 66f.

dieser offensichtliche Bezug zur »Aeneis« vielleicht auch daran erinnern, dass »die Wittenberger Humanisten« den Ursprung der Sachsen, Thüringer und Meißener vom Geschlecht der Trojaner ableiteten?[68]

Auf jeden Fall ist der Rückgriff auf die Antike bei der Abfassung der Inschrift nicht verwunderlich. Stigel war sehr der Antike verbunden. Er hatte an der Universität zu Wittenberg eine Professur für Latein inne. 1549 folgte er einem Ruf an die »Hohe Schule« zu Jena. Dass er das albertinische Wittenberg verließ, um diesem Ruf nach Jena zu folgen, zeigt natürlich auch seine Affinität zu den Ernestinern.

Die drei Brüder haben diese Tafel gesetzt, damit sie im Laufe der Jahre Denkmal des verteidigten Glaubens sei. Der Hinweis auf den »grausamen Krieg« soll den Betrachter an die Schlacht bei Mühlberg erinnern, in der Kurfürst Johann Friedrich eine verheerende Niederlage erfuhr, eine Niederlage, die seinem »standhaften« Glauben, seinem Bekenntnis zur Lehre Luthers geschuldet war. Als Folge dieser Niederlage kam Johann Friedrich in Augsburg in Haft. Schon zu Beginn seiner Gefangenschaft reifte in ihm der Entschluss, im ernestinischen Jena eine Universität zu gründen, gleichsam als Ersatz für die ihm entzogene Universität im albertinischen Wittenberg.[69] Er versuchte Melanchthon, der an der Universität Wittenberg lehrte, zu einem Wechsel

---

68 Vgl. Bierende, Edgar: Lucas Cranach d. Ä. und der deutsche Humanismus. Tafelmalerei im Kontext von Rhetorik, Chronik und Fürstenspiegeln, München 2002. S. 197 ff.

69 Vgl. dazu und zum Folgenden Görres, Daniel: Der Cranach-Altar der Stadtkirche St. Peter und Paul in Weimar und sein Betrachter, S. 25.

nach Jena zu bewegen. Doch Melanchthon sah keine Veranlassung, dem Wunsch Johann Friedrichs Folge zu leisten. Diese Ablehnung führte bei Johann Friedrich zu einer Verhärtung und Kehrtwendung.

Mit Unterstützung seines Sohnes Johann Friedrich II. ließ er 1548 eine »Hohe Schule« in Jena gründen, der 1558 die Rechte einer Universität verliehen wurden. Diese »Hohe Schule« im ernestinischen Jena setzte sich von der Universität im albertinischen Wittenberg ab. Sie wurde zur »Hochburg der Orthodoxen.«[70] Nur sie war nach Überzeugung der Ernestiner der Hort der eigentlichen, wahren Lehre Luthers, nur sie war berechtigt, diese rein und authentisch zu vermitteln.

DIESES SELBSTVERSTÄNDNIS der Ernestiner leitete sich daraus ab, dass es ein Ernestiner war, nämlich *Kurfürst Friedrich der Weise*, der Onkel Johann Friedrichs des Großmütigen, der Luther in Schutzhaft genommen hatte, um ihn vor seinen Verfolgern zu retten. Friedrich der Weise erhoffte sich von Luther, dass er der unseligen Ablasspraxis ein Ende bereiten könnte, denn schon lange missfielen ihm die hohen Abgaben, die infolge des Ablasshandels an die römische Kurie entrichtet werden mussten.

Ein anderer bedeutender Ernestiner war auch *Kurfürst Johann der Beständige*, der Vater von Johann Friedrich. Ihm gebührt das Verdienst, die Reformation in Weimar und seinem Umland sehr früh durchgesetzt zu haben. Schon 1524 wurde in Weimar nach der neuen Lehre gepredigt.

---

[70] Justi, Ludwig: Das große dreiteilige Gemälde aus der Herderkirche zu Weimar, Berlin 1951, S. 12.

Kurfürst Friedrich der Weise, Kurfürst Johann der Beständige, Kurfürst Johann Friedrich der Großmütige[71]

Und der Ernestiner *Johann Friedrich der Großmütige,* der Sohn von Johann dem Beständigen, fühlte sich sogar als Märtyrer im Hinblick auf die »Sache Luthers«, war er doch in der Schlacht zu Mühlberg nur knapp dem Tod entronnen und musste er doch eine mehrjährige Gefangenschaft auf sich nehmen, weil er an der Spitze des protestantischen Defensivbündnisses gegen Karl V. stand.

Unter diesem Blickwinkel ist das lebensgroße Bildnis Luthers, das den Altar abschließt, zu verstehen. Die nahe Bindung des ernestinischen Fürstenhauses zu Luther soll hier dem Betrachter vor Augen geführt

71 Lucas Cranach d. Ä.: Triptychon der drei letzten ernestinischen Kurfürsten, um 1535, Hamburger Kunsthalle.

werden und damit auch sein »Primatsanspruch als Vertreter der reinen lutherischen Lehre«.[72]

Doch warum wird auch Cranach so großfigurig ins Bild gesetzt, fast in Augenhöhe mit Luther und Johannes dem Täufer?

Cranach war dem ernestinischen Haus sehr verbunden, hatte er ihm doch unter Friedrich dem Weisen, Johann dem Beständigen und Johann Friedrich dem Großmütigen als Hofmaler fast 50 Jahre gedient. Ja, er entsprach im Jahre 1550 der allerdings schon wiederholt geäußerten Bitte von Johann Friedrich, ihm nach Augsburg, dem Ort seiner Gefangenschaft, zu folgen, wobei dieser Schritt wohl auch wirtschaftlich motiviert war.[73] Im September 1552, nach Beendigung der Gefangenschaft, zog er mit seinem Fürsten Herzog Johann Friedrich in dessen Residenzstadt Weimar. Er erhielt eine Malerstube im Schloss, musste sich aber verpflichten, nun nur noch ausschließlich für die Ernestiner künstlerisch tätig zu sein.[74]

---

72 Görres, Daniel: Der Cranach-Altar der Stadtkirche St. Peter und Paul in Weimar und sein Betrachter, S. 25.

73 Cranach hatte Lieferungen für seine Apotheke nicht bezahlt, er wurde angeklagt und auch verurteilt. Es existiert ein Schuldschein. Er vermachte darauf sein Vermögen seinen Kindern, um sich der Bezahlung entziehen zu können. Vgl. dazu: Rhein, Stefan (wie Anm. 2), S. 47.
Aufgrund der Gefangenschaft seines Dienstherren Johann Friedrich war er auch der Funktion als Hofmaler ledig geworden und erhielt damit in der Zeit von 1547–1550 keine Besoldung, so dass ihn wirtschaftliche Gründe zwangen, seine Funktion als Hofmaler in Augsburg, dem Ort der Gefangenschaft von Johann Friedrich, wieder aufzunehmen.

74 Vgl. Holler, Wolfgang; Kolb, Karin (Hrsg.), (wie Anm. 6), S. 103.

Aber auch Luther hat Cranach sehr geschätzt. Spielte doch die Cranach-Werkstatt eine wesentlich Rolle, die neue Lehre zu verbildlichen, und damit den Menschen näherzubringen, in besonderer Weise natürlich den leseunkundigen Laien. Doch Luther und Cranach waren sich auch persönlich sehr nahe. Cranach war Trauzeuge bei der Hochzeit Luthers, gegenseitig machten sie sich zu Paten ihrer Kinder. In Luthers Tischreden zeigt ein Absatz, welch herzliche Verbundenheit zwischen ihnen herrschte.[75]

So nimmt es nicht wunder, dass deshalb auch Cranach in Lebensgröße seinen Platz neben Luther findet.

Über der Haupttafel erhebt sich ein in Gold- und Rottönen geschnitztes Gesprenge, das die Wappen der ernestinischen Territorien darstellt. In drei Registern stehen in diesem Gesprenge »dreizehn Wappenschilde mit Helmzier vor einem Fond aus vergoldetem Blattrankenwerk; zuunterst von sechs reitenden Putten balanciert, im mittleren Register im Blattwerk hängend und an der Spitze von einem Putto gehalten.«[76]

---

75 Vgl. Justi, Ludwig (wie Anm. 70), S. 17.

76 Böhlitz, Michael (wie Anm. 61), S. 279. Hecht, Christian (wie Anm. 67), S. 55–74, S. 73 f.: »Oben: Kurwappen, sächsisches Rautenwappen, roter Regalienschild, (hohe Gerichtsbarkeit). Unten: die dem Rang nach folgenden Wappen, getragen von reitenden Putten (heraldisch rechts beginnend): Landgrafschaft Thüringen (von Silber und Rot geteilter Löwe in Blau), Markgrafschaft Meißen (schwarzer Löwe in Gold), Pfalzgrafschaft Sachsen (goldener Adler in Blau), Pfalzgrafschaft Thüringen (goldener Adler in Schwarz), Markgrafschaft Landsberg (zwei blaue Pfähle in Gold), Grafschaft Orlamünde (schwarzer Löwe im goldenen, mit roten Herzen bestreuten

Gesprenge

Die Blüten des vergoldeten Blattrankenwerks quellen aus Füllhörnern, die Überfluss und herrscherliche Tugenden symbolisieren, auch Delfine sind sichtbar, die in der Heraldik königliche Herrschaft versinnbildlichen.[77]

Im Zentrum des Gesprenges prangt das *blutrote Regalienfeld des Blutbanns*, von einem geflügelten Putto, einem himmlischen Boten gleich, präsentiert.[78] Dieses

---

Feld). Mittelbereich: Herrschaft Pleißen (von Gold und Silber geteilter Löwe in Blau), Grafschaft Brehna (drei rote Seeblätter in Silber), Burggrafschaft Altenburg (fünfblättrige rote Rose in Silber), Herrschaft Eisenberg (drei blaue Balken in Silber).«

77 Vgl. Zerling, Clemens (wie Anm. 53), S. 58.

78 Auf das rote Regalienfeld macht mich Herr Bernd Mende, Weimar, aufmerksam. An dieser Stelle möchte ich Herrn Bernd Mende, Weimar, danken, der die folgenden Seiten mit Hinweisen bereicherte.
Für Seemann ist der Blutschild »wie eine dem Kreuz des Retabelbildes aufgesetzte Standarte.«, Seemann, Hellmut (wie Anm. 1), S. 11.

Regalienfeld, im Wappen Johann Friedrichs noch untergeordnet im Schildfuß, erscheint hier auffällig an prominenter Stelle. Es ist Zeichen für das vom Kaiser verliehene Recht über Leben und Tod. Es ist ein *Symbol der Macht.*

UNMITTELBAR UNTER DEM STAMM DES Gesprenges auf der Mitteltafel des Retabels erhebt sich das *Kreuz*. Blut rinnt an den Armen und Seiten des Kruzifixus hernieder. Blut fließt aus den Füßen Christi. Es versickert im Kreuzesstamm gefertigt aus dem Holz der Rotbuche, deren aufgeplatzte Rinde den bildteilenden dürr-grünen Baum des Gothaer Tafelbildes in Erinnerung ruft.

Durch dieses am Leib Christi herabrinnende Blut, durch den Blutstrahl und die kelchförmig gesetzte Predelleninschrift wird ein liturgischer Bezug zu dem Altartisch hergestellt, um den sich die gläubige Gemeinde beim Empfang des Abendmahls versammelt.

IN CHRISTI OHN-MACHT, in seiner Hingabe für die Menschen, manifestiert sich *Christi Macht.* Zweierlei wird hier verbildlicht: Die Erlösungstat Christi, die sich durch das Blut manifestiert – der Blutstrahl, der aus der Seite Christi strömt, wird, wie bereits angemerkt, auch Gnadenstrahl genannt –, hat den Menschen wieder den Weg zu Gott gebahnt.

Jedoch kann die Freiheit eines »Christenmenschen« nur dann gedeihen, wenn eine weltliche Macht (Symbol: Blutschild im Gesprenge) sie beschützt.[79] Erst recht bedarf

[79] Vgl. Seemann, Hellmut, ebd.

die neue Lehre, die lutherische Lehre, des Schutzes der ernestinischen Fürsten, damit sie sich frei entfalten kann.

Das, was im Gesprenge und in der Haupttafel durch das *Bild* vermittelt wird, korrespondiert mit dem, was die in Form eines Abendmahlkelches gesetzte Inschrift durch das *Wort* zum Ausdruck bringt. So gipfelt diese Inschrift in der Aussage: Gerecht vor Gott macht das Vertrauen in Christus allein. Er allein ist der Mittler zum Vater. Aber sie erinnert auch daran, dass es die Ernestiner waren, die den gerecht machenden Glauben an Christus mit standhafter Frömmigkeit verteidigten.

Der Weimarer Altar dient nicht nur der Verbildlichung der neuen Lehre. Er dient nicht nur dem Gedächtnis (Memoria) der verstorbenen Fürsten Johann Friedrich und seiner fürstlichen Gemahlin Sibylle von Cleve. Er ist auch eine Inszenierung der Ernestiner als Schutzherren der neuen und eigentlichen lutherischen Lehre.

Das Retabel steht nicht, wie es im Mittelalter meist üblich war, als Altaraufsatz auf dem rückwärtigen Teil des Altartisches, sondern etwa zwei Meter hinter ihm. Luther hatte in seiner »Deutschen Messe« von 1526 empfohlen, dass der Liturg zur Gemeinde hingewandt, hinter dem Altartisch das Abendmahl konsekrieren solle.[80]

Nach dem Tod von Herzog Johann Friedrich und Herzogin Sibylle von Cleve fand Ende 1554 eine Visitation statt. In ihrem Abschlussbericht forderten die Visitatoren, dass der Altartisch entsprechend der

---

80 Vgl. Böhlitz, Michael (wie Anm. 61), S. 284.

Empfehlung Luthers frei und ohne Altaraufsatz aufzustellen sei. So wurde das von den drei Söhnen des verstorbenen herzoglichen Paares in Auftrag gegebene Retabel etwa zwei Meter nach Osten abgerückt und auf einen separaten Sockel hinter den Altar gesetzt. Dadurch entstand zwischen dem Altartisch und dem Retabel die sogenannte Ernestinische Gasse.[81]

Nur wenige Meter vom Altartisch entfernt – in unmittelbarer Nähe zum Chor, im östlichen Mittelschiffjoch –, befindet sich die Grabstätte von Herzog Johann Friedrich, »dem geborenen Kurfürsten«, und seiner Gemahlin Sibylle von Cleve in Form einer Tumba. Die drei regierenden Herzöge des verstorbenen herzoglichen Paares gaben dem Hofmaler Roddelstedt, genannt Gottlandt, den Auftrag, ein Doppelgrab für ihre Eltern zu gestalten.[82] Diese Fürstentumba bildet mit dem Altartisch und dem Altarretabel eine memoriale Einheit. Derer wird der Besucher der Stadtkirche vom Langhaus aus auch gewahr, denn das Ensemble von Tumba, Altartisch und Retabel liegt in einer Blickachse.

Auf dem Postament des Doppelgrabs liegen zwei Bronzegrabplatten, die in Ost-West-Ausrichtung die Wappen von Herzog Johann Friedrich und seiner

[81] Vgl. Löffler, Anja: »Das Fürstengrab in der Weimarer Stadtkirche St. Peter und Paul (Herderkirche) – Kunstgeschichte, Liturgie, Restaurierung«, in: Thüringisches Landesamt für Denkmalpflege und Archäologie (Hrsg.): Aus der Arbeit des Thüringischen Landesamtes für Denkmalpflege und Archäologie (Neue Folge 36), Altenburg 2010, S. 42–46, S. 43.

[82] Vgl. ebd, S. 42 f.

Grabmal von Herzog Johann Friedrich, »geborener Kurfürst«, und Sibylle von Cleve, Einfassung mit restauriertem Gitter

Gemahlin zeigen. An den Seiten wird das Postament durch kleine Wandpfeiler jeweils in drei Felder mit zwei Wappen unterteilt. Hier werden die Wappen der Bronzegrabplatten wieder aufgenommen.

Auf dem Postament war ein vierteiliges kunstvolles Metallgitter angebracht, in dem der ernestinische Wahlspruch V D M I AE erscheint.[83] An der östlichen Seite des Postaments sind zwei Porträts in Stein gehauen. Es handelt sich hier um das Porträt von Herzog Johann Friedrich und das seiner Gemahlin. »Auf den beyden mittlern Säulen des Vordertheils vom Postiment, ist zur Rechten das Brustbild des Churfürsten, zur Linken aber der Churfürstin, dergestalt in Stein gehauen, dass

[83] Postament und Metallgitter wurden 2010 restauriert.

die Gesichter gegen einander gekehret und beyde mit Hüthen bedecket sind.«[84]

NUN RUHEN SIE HIER: Der Ernestiner Herzog Johann Friedrich und seine Gemahlin Sibylle von Cleve.

Sie ruhen unmittelbar vor dem Chorraum der Kirche, die Herzog Johann Friedrich zur Grablege seines Geschlechts machte.

Sie ruhen vor dem Altar, den ihnen ihre tief betrübten, aber auch dankbaren Söhne, drei Brüder aus einem Herzen, gestiftet haben als Denkmal des verteidigten Glaubens und als Pfand ihrer Liebe.

»Das Gras verdorrt,
die Blume verwelkt, aber
DAS WORT DES HERRN
BLEIBT EWIGLICH.«

JES 40,8

V D M I AE

WAHLSPRUCH DER ERNESTINER

---

84 Wette, Gottfried Albin de: Kurzgefaßte LebensGeschichte der Herzoge zu Sachsen, welche vom Churfürst Johann Friedrich an, bis auf den Herzog Ernst August Constantin, zu Weimar regieret haben, Weimar 1770, S. 67.

ANHANG

Predella des Cranach-Altares

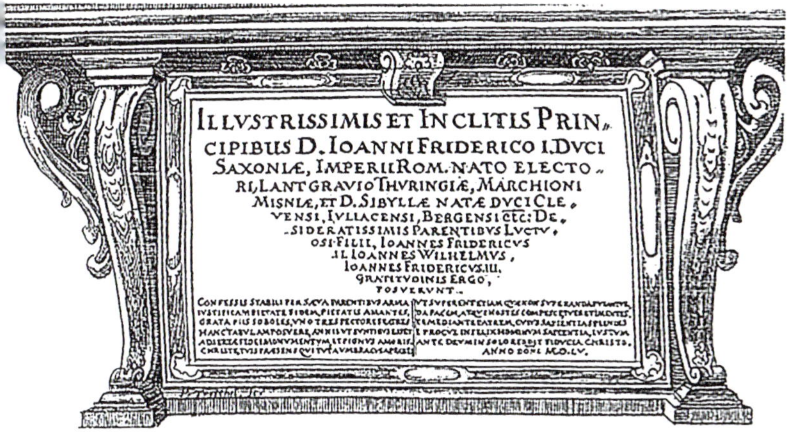

Predella des Cranach-Altares
Kupferstich von Peter Troschel.
In: Hortleder, Friedrich:
Der Römischen Keyser- und Königlichen Maiesteten,
Handlungen und Außschreiben.
Gotha, Nürnberg 1645, Forschungsbibliothek Gotha.
Pol 4° 01428/03.

QUELLEN

D. Martin Luthers Werke. Kritische Gesamtausgabe, 127 Bde. Weimar 1883 ff. (sog. Weimarer Ausgabe, zitiert mit der Abkürzung WA).

Die Bibel. Nach der Übersetzung Martin Luthers. Deutsche Bibelgesellschaft, Stuttgart 1999.

LITERATURLISTE

Barth, Hans-Martin: Die Theologie Martin Luthers. Eine kritische Würdigung, Gütersloh 2009.

Behling, Lottlisa: Die Pflanze in der mittelalterlichen Tafelmalerei, Weimar 1957.

Beuchert, Marianne: Symbolik der Pflanzen, Insel TB, 5. Auflage, Frankfurt 2014.

Bierende, Edgar: Lucas Cranach d. Ä. und der deutsche Humanismus. Tafelmalerei im Kontext von Rhetorik, Chronik und Fürstenspiegeln, München 2002.

Birkhan, Helmut: Pflanzen im Mittelalter. Eine Kulturgeschichte, Wien – Köln – Weimar 2012.

Böhlitz, Michael: Der Weimarer Cranachaltar im Kontext von Religion und Geschichte Ein ernestinisches Denkmal der Reformation, in: Lucas Cranach 1553/2003. Wittenberger Tagungsbeiträge anlässlich des 450. Todesjahres Lucas Cranachs des Älteren, hrsg. v. Tacke, Andreas, Leipzig 2007, S. 277–298.

Ellrich, Hartmut: Auf den Spuren von Lucas Cranach d. Ä., Erfurt 2012.

Erichsen, Johannes: »Gesetz und Gnade«. Versuch einer Bilanz, in: Luther und die Fürsten. Selbstdarstellung und Selbstverständnis des Herrschers im Zeitalter der Reformation,

Aufsatzband, hrsg. v. den Staatlichen Kunstsammlungen Dresden, Syndram, Dirk; Wirth, Yvonne; Zerbe, Doreen, Dresden 2015, S. 97–113.

Falcke, Heino: Die verborgene Herrlichkeit. Entdeckungen an dem Dreieinigkeits-Bild in der Augustinerkirche zu Erfurt, Evangelische Akademie Thüringen und Wartburg Verlag, Weimar 2010.

Fleck, Miriam Verena: Ein tröstlich gemelde. Die Glaubensallegorie »Gesetz und Gnade« in Europa zwischen Spätmittelalter und Früher Neuzeit, Korb 2010.

Gallwitz, Esther: Kleiner Kräutergarten, Insel TB, Frankfurt 1996.

Görres, Daniel: Der Cranach-Altar der Stadtkirche St. Peter und Paul in Weimar und sein Betrachter. Eine Studie zum Medium »Bild« im Kontext der Reformation, in: Deubner-Preis 2006. Sonderdruck aus den Kunsthistorischen Arbeitsblättern (KAb), Köln 2007, S. 19–34.

Görres, Daniel: Cranach, Luther und die Ernestiner. Der Epitaphaltar der Stadtkirche St. Peter und Paul in Weimar, in: Bild und Bekenntnis. Die Cranach-Werkstatt in Weimar, hrsg. v. Bomski, F.; Seemann, H.,TH.; Valk, Th.: Klassik Stiftung Weimar, Jahrbuch 2015, Göttingen 2015, S. 37–53.

Hecht, Christian: Bildpolitik im Weimar der Reformationszeit. Das Cranach-Triptychon in der Weimarer Stadtkirche St. Peter und Paul, in: Bild und Bekenntnis. Die Cranach-Werkstatt in Weimar, hrsg. v. Bomski, F.; Seemann, H.,TH.; Valk, Th.: Klassik Stiftung Weimar, Jahrbuch 2015, Göttingen 2015, S. 55–74.

Heinz-Mohr, Gerd: Lexikon der Symbole. Bilder und Zeichen der christlichen Kunst, 6. Auflage, Düsseldorf – Köln 1981.

Henkel, Arthur; Schöne, Albrecht (Hrsg.): Emblemata. Handbuch zur Sinnbildkunst des XVI. und XVII. Jahrhunderts, Sonderausgabe, 2. Auflage, Stuttgart 2013.

Heydenreich, Gunnar; Sandner, Ingo; Smith-Conlini, Helen: Der Streit um die Autorschaft. Das Weimarer Cranach-Retabel im Lichte technologischer Untersuchungen, in: Bild und Bekenntnis. Die Cranach-Werkstatt in Weimar, hrsg. v. Bomski, F.; Seemann, H., TH.; Valk, Th.: Klassik Stiftung Weimar, Jahrbuch 2015, Göttingen 2015, S. 193–204.

Hofmann, Werner: Gesetz und Gnade, in: Luther und die Folgen für die Kunst (Ausstellungskatalog), München 1983, S. 210–212.

Holler, Wolfgang; Kolb, Karin (Hrsg.): Cranach in Weimar. Begleitbuch zur Ausstellung, Dresden und Klassik Stiftung Weimar 2015.

Hortleder, Friedrich: Der Römischen Keyser- und Königlichen Maiesteten, Auch deß Heiligen Römischen Reichs Geistlicher und Weltlicher Stände ... Handlungen und Außschreiben ... T. 2. Gotha, Nürnberg 1645, Forschungsbibliothek Gotha. Pol 4° 01428/03.

Iserloh, Erwin: Geschichte und Theologie der Reformation im Grundriß, 3. Auflage, Paderborn 1985.

Jursch, Hanna: Die Kunstdenkmäler, in: Schmidt, Eva: Die Stadtkirche zu St. Peter und Paul in Weimar, Berlin 1955, S. 65–83.

Justi, Ludwig: Das große dreiteilige Gemälde aus der Herderkirche zu Weimar, Berlin 1951.

Koepplin, Dieter; Falk, Tillman: Lucas Cranach. Gemälde – Zeichnungen – Druckgraphiken, 2. Auflage, Basel 1974.

Koepplin, Dieter: Ein Cranach–Prinzip, in: Lucas Cranach. Glaube, Mythologie und Moderne, hrsg. v. Schade, Werner (Ausstellungskatalog), Hamburg: Ostfildern – Ruit 2003, S. 144–165.

Leppin, Volker: Die Reformation, Wissenschaftliche Buchgesellschaft, Darmstadt 2013.

Leppin, Volker: Das Zeitalter der Reformation. Eine Welt im Übergang, Wissenschaftliche Buchgesellschaft, Darmstadt 2009.

Löffler, Anja: »Das Fürstengrab in der Weimarer Stadtkirche St. Peter und Paul (Herderkirche) – Kunstgeschichte, Liturgie, Restaurierung«, in: Thüringisches Landesamt für Denkmalpflege und Archäologie (Hrsg.): Aus der Arbeit des Thüringischen Landesamtes für Denkmalpflege und Archäologie (Neue Folge 36), Altenburg 2010, S. 42–46.

Neddens, Christian: Heilsame Anschauung. Visuelle Kommunikation der Rechtfertigung auf dem Weimarer Altarretabel Lucas Cranachs d.J., in: Bild und Bekenntnis. Die Cranach-Werkstatt in Weimar, hrsg. v. Bomski, F.; Seemann, H.; Valk, Th.: Klassik Stiftung Weimar, Jahrbuch 2015, Göttingen 2015, S. 75–96.

Physiologus: Frühchristliche Tiersymbolik, aus dem Griechischen übersetzt und hrsg. v. Treu, Ursula, Berlin 1981.

Poscharsky, Peter: Das lutherische Bildprogramm, in: Die Bilder in den lutherischen Kirchen. Ikonographische Studien, München 1998. S. 21–41.

Reinitzer, Heimo: Gesetz und Evangelium. Über ein reformatorisches Bildthema, seine Tradition, Funktion und Wirkungsgeschichte, 2 Bde., Hamburg 2006.

Rhein, Stefan: Lucas Cranach der Jüngere. Eine biografische Annäherung, Schätze Mitteldeutschlands, Bd. 10, Spröda 2015.

Rhein, Stefan: Lucas Cranach der Jüngere und Philipp Melanchthon. Zu den Spuren einer Wittenberger Beziehung, in: Lucas Cranach der Jüngere und die Reformation der Bilder, hrsg. v. Werner, Elke A.; Eusterschulte, Anne; Heydenreich, Gunnar, München 2015, S. 43–51.

Sachs, Hannelore; Badstübner, Ernst; Neumann, Helga: Wörterbuch der christlichen Ikonographie, 10. Auflage, Regensburg 2012.

Schulze, Ingrid: Lucas Cranach d.J. und die protestantische Bildkunst in Sachsen und Thüringen. Frömmigkeit, Theologie, Fürstenreformation, Bucha bei Jena 2004.

Seemann, Hellmut, Th.: Vorwort, in: Bild und Bekenntnis. Die Cranach-Werkstatt in Weimar, hrsg. v. Bomski, F.; Seemann, H.; Valk, Th.: Klassik Stiftung Weimar, Jahrbuch 2015, Göttingen 2015, S. 9–14.

Slenczka, Ruth: Cranach der Jüngere im Dienst der Reformation, in: Lucas Cranach der Jüngere, Entdeckung eines Meisters, hrsg. v. Enke, Roland; Schneider, Katja; Strehle, Jutta (Ausstellungskatalog), München 2015, S. 125–137.

Trümper, Timo: Inszenierungsstrategien der Ernestiner. Die Cranachs als Diener des Hofes, in: Bild und Botschaft. Cranach im Dienst von Hof und Reformation (Ausstellungskatalog), hrsg. v. Stiftung Schloss Friedenstein Gotha und Museumslandschaft Hessen – Kassel, Heidelberg 2015, S. 17–28.

Wette, Gottfried Albin de: Kurzgefaßte LebensGeschichte der Herzoge zu Sachsen, welche vom Churfürst Johann Friedrich an, bis auf den Herzog Ernst August Constantin, zu Weimar regieret haben, Weimar 1770.

Zerling, Clemens: Lexikon der Tiersymbolik. Mythologie, Religion, Psychologie. Völlig überarbeitete und erweiterte Neuausgabe, Klein Jasedow 2012.

Zerling, Clemens: Lexikon der Pflanzensymbolik, 2. Auflage, Darmstadt 2013.

1. Auflage Juli 2016

Imprint des Knabe Verlag Weimar

FOTOGRAFIEN

Titel
© Ev.-Luth.-Kirchengemeinde Weimar,
Fotos: Frank Schönfeld, Steffen Knabe, Weimar

Aufnahmen S. 42–54, 58–61
© Ev.-Luth.-Kirchengemeinde Weimar,
Fotos: Candy Wels, Frank Schönfeld, Steffen Knabe, Weimar

Alle weiteren Aufnahmen
© Ev.-Luth.-Kirchengemeinde Weimar, Fotos: Constantin Beyer, Weimar

S. 38 f. Lucas Cranach d. Ä.: Gesetz und Gnade, 1529,
Herzogliches Museum, Stiftung Schloss Friedenstein, Gotha

S. 75. Lucas Cranach d. Ä.: Triptychon der drei letzten ernestinischen Kurfürsten, um 1535, Hamburger Kunsthalle.

S. 85. Predelleninschrift des Cranachaltars,
Kupferstich von Peter Troschel, 1645,
aus: Friedrich Hortleder. Der Römischen Keyser- und Königlichen Maiesteten, Handlungen und Außschreiben. Gotha, Nürnberg 1645.
(Forschungsbibliothek Gotha: Pol 4° 01428/03).

Satz und grafische Gestaltung: Nicole Laka
Lektorat: Anja Puse
Herstellungsleitung: Jörg Winge
Druck und Bindung: Jelgavas Tipografia SIA, Lettland

Printed in Europe
ISBN 978-3-946553-00-7

www.tourist-verlag.de